# 걱정이 많은 그대에게

# 걱정이 많은 그대에게

김정한 지음

레몬북스
lemon books

행복을 위해 무엇을 해야 할지, 알고 싶은가?
걱정은 머물지 않고 지나간다, 다행히도!
'정성다함' '마음다함'으로 뚜벅뚜벅 나아가길!
그리하여 행복해지길!

# 작가의 말

걱정이 많아 힘든가?

좀처럼 행복하기 어렵다고 생각하는가?

어떻게 살아야 할지 몰라 방황하는가?

행복을 위해 무엇을 해야 할지, 알고 싶은가?

걱정은 머물지 않고 지나간다, 다행히도!

'정성다함' '마음다함'으로 뚜벅뚜벅 나아가길!

그리하여 행복해지길!


세계가 기상이변, 신종 바이러스로 고통받고 있다. 달라진 일상생활에 당황하며 걱정과 싸우고 있다. 그 어느 때보다 행복에 대한 갈망이 절실하다. 우리는 행복하기 위해 열심히 돈을 모으고, 멋진 차를 타고, 유행하는 옷을 입고, 커리어를 쌓고, 운명적인 사랑을 만난다. 그러나 다 가졌다 생각해도 실제로 행복하다고 말하는 사람은 흔치 않다. 교육 수준도 높아졌고, 모든 분야의 기술이 발전했지만 "나는 행복하다"라고 자신 있게 말하는 사람은 많지 않다. 왜 그럴까?

많은 사람이 "많이 소유하면 더 행복하다"는 메시지를 행복의 답안이라 생각한다. 그러나 그에 앞서 나를 정확히 알고 나를 행복하게 해주는 것이 무엇인지부터 찾아야 한다. 왜? 행복은 내 마음이 느끼는 '만족'이기 때문이다. 그러니까 나의 고민과 상처, 관계 맺기에서 오는 갈등과 스트레스, 부조리한 세상에 대한 좌절, 미래에 대한 불안 때문에 힘들고 아플수록 '너' 그리고 '세상'을 이해하기 전에 '나'를 먼저 정확히 알아야 한다. 내 안에는 알 듯 모를 듯한 많은 질문이 있다. 태산 같은 걱정이 쌓여가고 있다. 눈 뜨면 호기심도 기쁨도 없이 시간의 방향으로 무작정 갈 때가 많다. 허둥대고 비틀거리다가 넘어진다.


이 책은 행복해지고 싶지만 길을 몰라 헤매는 그대! 일에 지치고 관계에 상처받은 그대! 걱정이 많아 숨고 싶은 그대! 성공하고 싶은 그대! 자존감이 낮아 자신감이 없는 그대! 인생을 잘 살고 싶은 그대!가 읽으면 도움이 될 것이다. 그러기를 희망한다. '나 잘 살고 있는 걸까?' 어느 날 문득 이런 생각이 든다면 이 책에서 작은 실마리를 찾기 바란다. 나아가 실천을 통해 지혜를 얻기를 희망한다. 그리하여 한 뼘 더 행복하길 바란다. 행복하게 잘 살고 싶은 그대들이 현재의 삶뿐 아니라 미래의 삶까지 변화시킬 행복 처방전이 되길 희망한다.

김정한

# 차례

PART 2

# 한번은 길을 잃고 한번은 길을 만든다

PART 4

# 기다리는 달

PART 5
# 행복한가요?

# PART 1

# 안녕한가요?

누구에게나 희망의 상자가 있습니다. 내 눈높이에 맞는 희망의 상자가 있고
세상의 기준에 의해 만들어진 희망의 상자가 있습니다.
희망을 이루고자 노력하는 많은 사람이 좌절하고 실패하는 이유는
내 희망의 상자를 향해 달려가는 것이 아니라 세상이 만들어놓은
희망의 상자를 좇아 달리기 때문입니다.

# 희망아? 어디에 있니

누구에게나 희망의 상자가 있습니다

매우 가난한 광부가 있었습니다. 광부에게는 두 아들이 있었는데 모두 두뇌가 명석했습니다. 하루는 장남이 자신의 꿈을 이야기했습니다. "저는 의사가 되어 가난한 사람을 돕겠어요." 광부는 기뻤습니다. 그러나 한편으로는 마음이 무거웠습니다. 생계를 유지하기도 힘든데 어떻게 대학에 보낼 수 있을까 하고 걱정이 되었으니까요. 그렇다고 아들의 꿈을 꺾을 수는 없었습니다. 아버지는 커다란 상자 하나를 아들에게 보여주며 말했습니다. "아들아, 네가 자랑스럽다. 가정 형편이 어려우니 고학을 해야 한다. 나는 지금부터 너를 위해 이 상자에 돈을 모으겠다. 네가 의사가 되면 이 상자에 모은 돈으로 병원을 지어주마. 이것은 우리 둘만의 약속이니 아무에게도 말하지 마라." 아들은 열심히 공부해 의사가 되었습니다.

아버지는 까만 때가 낀 거친 손으로 장롱에서 상자를 꺼냈습니다. 상자는 비어 있었습니다. "네 꿈을 꺾지 않으려고 거짓말을 했단다." 아들은 눈물을 글썽이며 아버지의 손을 덥석 잡았습니다. "아버지, 고맙습니다. 상자 속에는 아버지의 사랑이 가득 담겨 있어요. 그것은 제게 희망의 상자였습니다."

　누구에게나 희망의 상자가 있습니다. 내 눈높이에 맞는 희망의 상자가 있고 세상의 기준에 의해 만들어진 희망의 상자가 있습니다. 희망을 이루고자 노력하는 많은 사람이 좌절하고 실패하는 이유는 내 희망의 상자를 향해 달려가는 것이 아니라 세상이 만들어 놓은 희망의 상자를 좇아 달리기 때문입니다. 내 능력은 부족한데 자꾸만 높이 멀리 올려다보며 달리니까 지치고 쓰러져 포기하게 됩니다. 내 능력, 취미, 적성, 환경에 맞는 희망의 상자를 향해 달려가야 합니다. 그래야 희망이 존재하는 것이고 포기하지 않고 달려가면 늦더라도 이루어집니다. 작가 노먼 빈센트 필은 "인생이란 햇빛과 비의 혼합이다(Life is a blend of sunshine and rain)"라고 했습니다. 살다 보면 수많은 시련과 맞서게 되는 게 인생이고, 그럴 때마다 좌절하거나 포기해선 안 된다는 뜻입니다. 자연을 돌아보더라도 영하 15도가 넘는 추운 겨울에도 꽃을 피웁니다. 동백꽃도 매화꽃도 겨울 추위 속에서도 붉게, 하얗게 자기 색깔, 자기만의 향기를 뿜으며 꽃을 피웁니다. 마찬가지로 실현 가능한 희망을 가지고 땀과 정성을 기울이면 희망은 꽃으로 탄생합니다. 철저하게 자기 관리를 하며 자신과의 약속을 잘 지키면 이루지 못할 것은 없습니다.

그리스 신화 속 제우스신은 판도라에게 슬픔, 질병, 가난 등 온갖 불행의 씨앗을 담은 상자를 주면서 절대로 열어보지 말라고 했습니다. 그런데 판도라는 호기심이 발동하여 제우스의 경고를 무시하고 상자를 열었습니다. 판도라가 상자를 연 순간 온갖 불행의 씨앗이 상자에서 쏟아져 나왔습니다. 놀란 판도라는 황급히 뚜껑을 닫아버렸는데 안타깝게도 '희망'만이 상자에서 빠져나오지 못하고 말았습니다. 어쩌면 그때부터 인간은 온갖 불행과 고통을 껴안고 살아야 할 운명인지도 모르지만 판도라의 상자 속에서 나오지 않은 그 희망을 기다리며 살아갑니다. 내 희망은 반드시 존재합니다. 마음이 향하는 곳으로 눈을 크게 뜨고 자세히 보면 보입니다. 다른 사람에게는 보이지 않는 것도 죽을힘을 다해 찾으면 보입니다. 확신을 가지면 됩니다.

# 마음을 살찌우는 힘

내가 가야 할 길이 따로 있고 그 길을 찾아야 합니다

세상은 나에게 진지하게 공부하라, 충실하게 자기 계발을 하라, 죽을힘을 다해 최선을 다하란 말을 수없이 합니다. 그러나 정작 꼭 필요한 말인 '쉬어 가라'와 '어떤 방법'으로 '왜' 해야 하는지를 정확하게 알려주지 않습니다. 그래서 때로는 남의 길로 들어가 한참을 헤매다가 돌아 나올 때가 많습니다.

수많은 시행착오를 겪으면서 깨닫게 됩니다. 눈앞에 보이는 수많은 길이 모두 나를 위한 길이 아니라는 것을. 분명 내가 가야 할 길이 따로 있고 그 길을 찾아야 합니다. 생각, 행동의 주인이 되지 않고서는 내 길을 가보지도 못한 채 들러리 인생을 살게 됩니다. 타인의 시선에 삶의 가치를 두지 말고 오로지 내 시선에 맞춰 살아야 합니다. 백합이나 장미처럼 겉으로 자태를 뽐내는 꽃을 사랑하는 사람도 있지만 이집트의 클레오파트라가 그토록 사랑했다던 열매 속에 '꽃을 품은' 무화과를 좋아하는 사람도 있으니까요.

존재하는 모든 것은 존재의 이유와 가치가 있습니다. 마찬가지로 자신의 재능을 찾아 삶의 목적과 존재 가치를 느끼며 자부심을 갖고 사는 것이 중요합니다. 삶의 주인이 되어야 행복을 많이 느끼게 되니까요. 주인으로 살기 위해서는 마음가짐이 중요합니다. 나를 사랑하고 나를 존중하고 나를 믿어야 합니다. 그러고 나서 타인을 사랑해야 합니다.

많이 생각하고 끊임없이 배우고 또 배운 것을 삶에 대입해 내 것으로 새롭게 창조해야 합니다. '나다운 것'을 창조하기 위해서는 있는 그대로의 나를 발가벗어야 합니다. 허물을 벗지 않는 뱀은 살 수 없듯이 낡은 생각과 행동만을 고집한다면 성장은커녕 앞으로 한 발자국도 나아갈 수 없으니까요. 버릴 것은 버리고 취할 것은 취해 새로운 것들을 받아들여야 합니다. 변화를 두려워하면 안전할지는 몰라도 성장은 멈출 테니까요. 내 능력의 무게를 정확하게 알아야 적당한 눈높이의 목표물을 향해 달리게 됩니다.

살면서 부모에게서 학교에서 사회에서 책을 통해서 인생 선배를 통해서 배울 것이 많지만 정작 중요한 것은 아무에게도 배울 수가 없습니다. 치열한 경험, 생존 경쟁을 통해 배우게 됩니다. 경험이 많아야 중요한 것, 중요하지 않은 것을 냉정하게 구별할 줄 아는 지혜도 생깁니다. 경험을 통해 깨우친 것들은 반듯한 지혜가 됩니다.

타인의 시선에 삶의 가치를 두지 말고
오로지 내 시선에 맞춰 살아야 합니다

# 성공의 이름

진정한 성공이란 남에게도 자신에게는 인정받는 것입니다

정치인 가운데 성공한 지도자로 미국의 링컨 대통령을 꼽습니다. 그는 농민의 아들로 태어나 열 살에 어머니를 잃고 갖은 고생과 실패를 수차례 했습니다. 그럼에도 용기를 가지고 도전을 했기에 쉰셋의 나이에 꿈을 이루어 미국 대통령이 되었습니다.

많은 사람이 그에게 감동을 받는 이유는 지독히도 가난하고 불우했던 척박한 삶의 밭에서 숱한 실패를 겪으면서도 성공을 일궈 냈기 때문입니다. 만약 그가 최고의 집안에서 태어나서 성공했다면 그 성공을 당연하게 여기며 많은 사람이 감동하지 못했을 겁니다.

그의 성공은 마치 한겨울 눈 속에 핀 이슬을 머금은 매화꽃처럼 아름다웠습니다. 무시당하고 짓밟히고 쓰러지는 최악의 상황에서도 열정을 가지고 도전했기에 성공할 수 있었습니다. 그래서 더욱 그의 삶이 훌륭하고 위대한지도 모르겠습니다.

열정을 뜻하는 'enthusiasm'의 어원은 'entheos'로 '신의 힘'이란 뜻을 가지고 있습니다. 최고의 열정을 가진 사람이 노력을 해서 무언가를 이루면 박수받고 인정을 받습니다. 다만 스스로에게 인정받기는 쉽지 않습니다.

진정한 성공이란 남에게도 자신에게도 인정받는 것입니다. 농부가 정성을 들여 가꾼 사과나무에서 맛 좋고 질 좋은 사과를 많이 수확했다면 그는 혼자서 이렇게 말하겠죠. "올해는 풍작이야. 성공했어." 그렇습니다. 진정한 성공은 스스로의 만족이 포함된 것을 말합니다.

인생에서 성공은 보여주기 위한 쇼윈도의 진열품이 아니라 스스로 만족하고 내면의 풍요까지 만끽해야 진정한 성공이라 할 수 있습니다. 성공한 만화 제작자 월트 디즈니는 "나는 돈을 벌기 위해 영화를 만드는 것이 아니라 영화를 만들기 위해 돈을 번다"고 했습니다. 마음을 비우고 좋아하는 일에 미치도록 몰입해야 비록 원하는 결과에 못 미치더라도 마음만은 즐겁습니다. 좋아하는 일을 한다는 것 자체가 기쁨이니까요.

# 그대는 안녕한가요?

희망의 궤도를 수시로 수정해서 가세요

얼마 전 대기업을 다니다가 그만두고 음식 사업을 시작해 성공한 마흔의 자영업자가 공중파 방송을 탄 적이 있습니다. 마흔 무렵에 먹고살 걱정 없을 만큼 재력을 가지고 거기다가 성공한 CEO가되어 각종 강연에 초청되고 초고속 성공을 내달리는 그를 보며 사람들은 스스로의 길을 찾아 산 정상에 자신의 이름 세 글자가 담긴 깃발을 꽂은 데 대해 무한한 경의와 박수를 보냈습니다.

무엇을 이루는 것에는 반드시 임계점이 있습니다. 조금만 방심해도 추락하게 되고 또 추락하는 데는 날개가 없습니다. 정상에 오르기까지 30년이 걸렸다 해도 단 며칠 아니, 몇 초면 나락으로 떨어지니까요.

방송에 나오는 성공 스토리의 주인공들은 하나같이 좋아하는 것을 찾아 열정을 가지고 치열하게 몰입하며 셀 수 없이 무한한 도전을 합니다. 신이 아닌 이상 '반드시 이룬다'며 꿋꿋한 의지로 무장한 사람을 이길 사람은 아무도 없습니다. 이십 대든, 삼십 대든, 생을 갈무리하는 그대든, 누구나 꿈을 꿉니다.

기억을 더듬어보면 내가 '무엇을 해서 무엇이 될까?'를 진지하게 고민하던 시기는 고등학교 2학년 때였습니다. 얼굴도 예쁘지만 까만 머릿결이 찰랑이던 불어 선생님을 만나고부터였습니다. 서울대 불문학과를 졸업하고 다방면의 지식을 갖추었고 무슨 시험을 치든지 떨어져 본 적이 없다고 했습니다. 지식과 미모뿐 아니라 노래도 잘 부르고 춤도 잘 췄기에 우리들의 우상이었고 무엇보다 나에게 특별한 사랑을 주셨습니다. 하굣길에 만나면 학교 근처 분식점에 데리고 가 도넛도 자주 사주셨습니다.

선생님은 늘 나에게 '무엇을 하든, 자신의 선택을 믿으라고. 그리고 무엇을 하든 완전히 몰입하라고, 그러다 보면 길이 열리고, 또 내 길이 보인다고, 열심히 몰입하지 않는 사람에게는 혼돈과 유혹이 찾아와 길이 보이지 않는다'는 말씀을 자주 하셨습니다.


그렇습니다. 나에게 확신이 없으면 이 사람 얘기 들으면 이 길도 내 길인 것 같고 저 사람 얘기 들으면 저 길도 내 길인 것 같아 생은 늘 뿌연 안개 속일 뿐입니다. 그 선생님을 만나고 나서부터 공부에 관심을 갖기 시작하고 내 인생에 대한 자발적 고민을 하게 되었고 본격적으로 공부를 하기 시작했습니다. 수험 기간 동안 정말 머리가 어질어질하고 수시로 코피를 쏟을 만큼 몰입했으니까요.

'무엇을 해서 무엇이 될까?'에 대한 희망이 생기면 그에 맞는 간절한 욕망이 구체화됩니다. 나는 책에 관심이 많아 책으로 이어진 길을 생각했습니다. 그로 인해 생각을 모아 구체화하는 프로듀서, 생각을 모아 말로 전달하는 교사, 아나운서를 장래 희망으로 정했습니다. 학창 시절의 첫 번째 희망 직업군이었고 그것을 이루기 위해 나의 치열한 도전은 시작된 것입니다.

정말 닥치는 대로 다양한 종류의 책을 읽었습니다. 책 속에 길이 있고 책 속에 내 인생이 있을 거라 확신하면서요. 내 책가방 속에는 학습 교재도 있었지만 내가 읽고 싶은 세계명작 책이 늘 있었습니다. 희망이 생기니 목표가 구체화되어 밥을 먹으면서도 책을 뒤적이며 한 줄을 곱씹어 보고 화장실에 가면서도 소설 속의 명언을 되뇌었습니다.

치열함을 당해낼 자는 더 치열하게 사는 자일 뿐이라는 것을 맘에 담고 조금 늦었다고 생각했기에 치열하게 공부하며 또 틈을 내어 책을 정독했습니다. 덕분에 수학을 못했지만 방송국 시험에도 합격해 보고 교사라는 직업도 가지게 되었습니다. 학창 시절의 뚜렷한 희망과 그것을 향한 수년의 치열함 덕분에 내 생의 절반의 목표를 이룰 수가 있었습니다. 나를 키운, 나를 살게 하는 8할의 힘은 치열함이었습니다.

어떤 사람은 모두의 기준으로 다그칩니다. '모차르트는 세 살에 피아노를 치기 시작했고, 피카소는 아홉 살에 투우 그림으로 세상을 놀라게 했다'며 능력과 개성을 존중하지 않은 채 압박하고 찬양합니다. 그러면서 보고 배우라 합니다. 그뿐만이 아닙니다. 대학은 '재수 없이' 한 번에, 취업은 '졸업' 후 바로, 결혼은 '적령기'에, 승진은 최대한 '남들보다' 빨리를 외쳐대며 욕망의 배지를 이마에 하나둘씩 답니다. 가슴이 까맣게 타들어 가는 줄도 모르면서요.

살면서 생긴 '장래 희망'이라는 단어 뒤에 붙은 보통명사를 나열해 보면 멋진 것들이 많습니다. 물론 의사, 판사, 검사, 변호사, 기자, 약사, 교수, 교사, 공무원과 같은 직업군이 안정된 직업입니다. 사업가, 연예인, 작가, 예술계 종사자들은 변화가 무쌍하기에 위험 부담이 큽니다. 그럼에도 나에게 맞는 내가 잘할 수 있는 것을 찾아야 합니다. 내 인생의 그림은 내가 그리니까요. 하얀 캔버스에 파란 물감을 칠하는 것도, 노란 물감을 칠하는 것도 나입니다.

신은 누구에게나 똑같은 속도의 배터리를 충전하지 않습니다. 주어진 생의 트랙을 달릴 수 있는 힘은 같지 않습니다. 뚱뚱한 사람, 날씬한 사람, 아픈 사람, 아프지 않은 사람, 다리가 긴 사람, 다리가 짧은 사람, 모두 다양하기에 사람의 몸에는 자신만이 감당할 수 있는 속도가 충전되어 있습니다. 쓰러지지 않으면서도 최대 속력을 내며 숨 고르기를 하면서 달리면 됩니다. 그래야 목적지에 제대로 도착하게 됩니다.

속도를 조절하면서도 변화를 조금씩 주며 달려야 어른으로 성장합니다. 달리면서도 목적을 부여하고 또 충분히 고민하면서 속도 조절을 하며 달려야 어설픈 어른이 되지 않습니다.

세상은 우리가 어른이 되는 동안 '무엇을 해서 무엇이 될 것인가'에 대한 개념적인 것을 충분히 생각할 여유를 주지 않습니다. 또 그것이 나의 개성과 맞는지를 구체적이고 실질적으로 탐색해 볼 여유도 주지 않습니다.

무엇을 분간하기도 전에 내 길이건 네 길이건 우선 달려야 먹고 살 수 있다는 이상한 논리를 앞세우다 보니 어른이 되어도 토끼같이 뛰어야만 합니다. 화장실에 들어가 잠시 볼일 보는 순간에도 생의 스톱워치는 '째깍째깍' 소리를 내며 달립니다. 오프라 윈프리는 이런 말을 했습니다. "자신의 몸, 정신, 영혼에 대한 자신감이야말로 새로운 모험, 새로운 성장 방향, 새로운 교훈을 계속 찾아 나서게 하는 원동력이며, 바로 이것이 인생이다."

인생이란 내가 달리고 있는 이 길이 내 길일까, 저 길이 내 길일까? 길을 가면서도 두리번거리고 불안해하는 것, 그러면서 다그치다 또 여백을 찾기 위해 놓아주고 내려놓는 것입니다. 그럼에도 확신을 가져야 합니다. 그러나 쓰러질 정도로 고민하지는 마세요. 삶의 방향키는 수시로 찾아옵니다.

간절한 것을 이루기 위한 시간은 누구에게나 지난합니다. 그럼에도 목표물을 향해 스스로의 스톱워치에 맞춰 달리고 걷고 쉬면서 가야 합니다. 세상에 답을 구하거나 타인에게서 답을 찾지 마세요. 빠르든 느리든 그 해답은 나를 가장 정확히 아는 내 안에 있습니다. 다만 자주 숨 쉴 여유를 가지며 안전거리를 확보하며 나아가세요.

이 길이 내 길인가 저 길이 내 길인가를, 안개 속 같은 세상에 묻지 마세요. 이 길이 내 길이 아니더라도 괜찮습니다. 몇 번을 잘못 가더라도 길은 길이니까요. 잘못된 길이 분명 선명한 내 길을 안내해 줄 테니까요. 큰일 날 일도 없습니다. 다만 희망의 스톱워치를 끝까지 잡고 있으면 보이거나 잡히지 않더라도 반드시 현상에 머물면서 자국을 남깁니다.


희망의 궤도를 수시로 수정해서 가세요. 어제는 옳지 않은 것이 오늘은 옳은 것이 되고 오늘은 옳은 것이 내일은 옳지 않게 되니까요. 세상도 흐름에 맞추며 변화를 합니다.

익숙한 세상의 외침에 귀 기울이지 마세요. 내 안의 소리에 귀 기울이세요. 세상의 나침반을 믿지 마세요. 내 안의 나침반을 믿으세요. 두 손을 꼭 쥐고 나를 믿으며 내 가슴이 이끄는 나의 길을 가세요.

아무리 지나쳐도 죄가 없는 치열함으로 가세요. 한 걸음 두 걸음다가가서 뜨겁게 안아보세요. 내가 그토록 찾던, 숨어서 애타게 나를 기다리던 그 아름다운 꽃길을.

◆　◆　◆

*Success doesn't come to you,*

*You go to it.*

성공이 당신에게 '오는' 것이 아니라

당신이 성공을 향해 '가는' 것이다.

– 마르바 콜린스

# 스톱워치는 '째깍째깍' 소리를 내며 달립니다

오늘의 특별한 순간들은 내일의 추억

사막에 길게 드리워진

내 그림자

등에 난 혹을 보고 나서야

내가 낙타라는 걸 알았다

......

혹이 한쪽으로 기울어져 있음을 보고서야

무거운 생을 등에 지고

흔들리며 흔들리며

사막을 건너왔음을 알았다


류시화 시인의 시 〈낙타의 생〉의 일부입니다. 나이가 들수록 우리

네 생이 낙타의 생과 닮았다는 생각을 많이 합니다. 두툼한 입술, 요염한 콧구멍, 그리고 슬픔에 잠긴 듯한 눈망울을 가진 짐승, 낙타는 등에 혹을 달고 양분과 물을 저장하며 더위와 추위를 견디며 살아갑니다. 굵은 털이 몸을 덮어 추위와 더위를 이기고 발바닥은 넓적해서 모래와 눈에 잘 빠지지 않습니다.

낙타는 주인에게 길들여져 주인을 섬기며 삽니다. 인간의 생이 낙타의 생과 닮은 이유는 인간이나 낙타나 자신의 생의 무게를 등에 지고 평생을 걸어가야 하기 때문입니다. 그림자 하나로도 모래벌판의 완벽한 풍경화를 만들어주는 낙타, 목이 길지만 슬프지 않고 눈빛은 부드럽고 사막을 걷는 내내 눈은 늘 젖어 있습니다. 세상의 모든 슬픔을 저 혼자 안고 견디고 삭이며 한 생을 살아갑니다.

낙타는 현재에 충실하며 순종과 침묵으로 인내하며 주인을 섬기고 따릅니다. 등에 주인을 태우고 또 주인의 무거운 짐까지 지고 사막을 묵묵히 걷는 것을 자기의 숙명으로 받아들입니다. 그것이 어쩌면 매일의 생의 무게를 지고 묵묵히 견뎌내는 사람의 생과 같습니다.

김한길의 소설 《낙타는 따로 울지 않는다》에서는 낙타를 이렇게 표현했습니다.

오아시스가 나타나도 낙타는 열광하지 않아. 물이 있으면 마시고 없으면 안 마시고 그리고 또 가는 거야. 뛰지도 않고 쉬지도 않고 무조건 가는 거야.

그렇습니다. 있으면 있는 대로 없으면 없는 대로 현실을 받아들이며 나름대로 만족하며 살아가는 자세가 평범하게 만족을 추구하며 살아가는 인간의 보통의 생과 흡사합니다. 물론 하늘 높이 떠 있는 별을 욕망하며 다리가 찢어져라 달려가는 사람도 있지만요.

나무를 보아도 하늘을 보고 자라는 나무와 집 안에서 천장을 보고 자라는 나무의 생은 다릅니다. 집 안의 나무는 태풍이 불어도 끄떡하지 않지만 햇빛을 제대로 보지 않아 힘이 없습니다. 마당의 나무는 비바람을 맞아가며 더욱 깊이 뿌리를 내리기 위해 죽을힘을 다합니다. 뜨거운 햇빛이 내리쬐면 나무는 더 많은 물을 빨아들이며 짙은 초록색을 뿜냅니다. 살기 위한 도전을 저 혼자 치열하게 하는 겁니다.

우리의 생도 마찬가지입니다. 신은 누구에게나 자기 그릇만큼의 어깨를 짓누르는 무게를 안겨주었습니다. 스스로 감당할 수 있을 만큼의 짐을 어깨에 실어주었습니다. 그 무게를 스스로 인내하며 감당해 내야 그 무게만큼의 행복을 안게 됩니다.

더 많은 것을 욕망하거나 자신의 무게도 감당하지 못해 내려놓거나 하면 쓰러지거나 흔들리게 됩니다. 지옥 같은 쓰나미를 만나는 것도 능력은 부족한데 하늘의 별을 욕망하기 때문입니다. 허영과 욕망의 덫이 늪에 빠지게 하고 스스로를 몰락시킵니다. 분수를 지키며 욕망을 내려놓고 산다는 것이 쉽지는 않지만 늘 겸손하게 내 것만 탐하며 그것에 맞게 계획하고 실천해 간다면 평범한 행복과 자주 마주하게 됩니다.

모든 것은 경험하면서 깨닫게 됩니다. 그것이 미래도 예측해 보는 지혜가 됩니다. 낙타에게도 목적지가 있듯 우리의 생은 반드시 목적지를 정해서 가야 합니다. 그리고 낙타처럼 현재에 충실해야 합니다. 바로 '지금' '나와 함께 있는 사람' 그리고 현재 '내가 하는 일'에 정성을 다해야 합니다. 한 걸음 두 걸음 꾸준히 나아가며 고비사막을 넘는 낙타처럼 가야 굴곡진 생의 고비를 넘어갈 수 있습니다.

사막을 지날 때도 낙타는 걸음을 멈추지 않습니다. 낙타의 등에는 물이 담긴 생명의 주머니가 있기 때문입니다. 인간도 마찬가지입니다. 희망이라는 생명의 주머니가 있기에 견딥니다.

지금 내 운명에 만족하지 못한다면 그래서 운명을 확 바꾸고 싶다면 시간의 주인이 되어 내가 이끌어야 합니다. 행복하게 평탄하게 잘 사는 것에 대한 정확한 사용 설명서는 없습니다. 그러나 나에게 맞는 생의 프로그램을 짜서 실천하면 됩니다. 작정하고 달려들어 노력하면 원하는 것을 반드시 얻게 됩니다.

노래를 잘하는 그대보다, 노래를 잘하기 위해 노력하는 그대가 더 멋집니다. 공부를 잘하는 그대보다, 공부를 잘하기 위해 노력하는 그대가 더 멋집니다. 생은 수많은 계단으로 이루어졌습니다. 계단은 꿈이고 욕망이고 희망입니다. 무거운 짐을 들고 계단을 올라가 본 이는 압니다. 계단을 오르는 것이 얼마나 힘이 드는지. 그게 바로 인생입니다.

◆　◆　◆

*Today's special moments are tomorrow's memories.*

오늘의 특별한 순간들은 내일의 추억.

– 영화 〈알라딘〉 중

# 벽을 타고 넘는 담쟁이처럼

담쟁이를 생각하면 생의 사계를 보는 느낌입니다

나이가 들수록 몸이 늙어가듯 생각도 느리게 움직이고 늙어간다는 것을 느낍니다. 마흔 전까지만 해도 몸도 마음도 손발이 척척 맞을 만큼 빠르게 움직이고 실수도 많지 않았습니다. 반평생 넘게 살고 보니 습관처럼 매일 하던 일도 더디게 진행됩니다. 또 생각과 행동이 어긋날 때가 많아 내가 마음에 들지 않을 때도 있습니다. 그럴 때는 평소에 실수를 하지 않던 것도 헝클어질 때가 있습니다. 커피잔을 쏟기도 하고 작은 턱에도 부딪치거나 넘어집니다.

마음은 바빠 몸을 빨리 움직이지만 예전처럼 속도가 붙지 않습니다. 글 쓰는 것도 집안일 하는 것도 마음은 이십 대를 갈망하지만 몸이 따라주지 않습니다. 생의 목적어를 향해 누군가를 만나기로 약속한 날에는 특히 그렇습니다.

약속 시간을 한 시간 앞두고 서둘러 집을 나왔습니다. 버스 정류장 쪽으로 가기 위해 빨간 신호등 앞에 멈춰 섰습니다. 무엇이 그리 바쁜 건지, 지나가는 차가 없자 아주머니 두 사람이 빨간 불임에도 건너가고 있었습니다.

원칙을 중요하게 여기는 나는 신호등을 무시하고 건너가는 행위에 부정적입니다. 규칙을 지키지 않으면 살면서 무엇에도 대충이거나 눈치를 보며 무단 횡단할 것 같아 규칙을 잘 지킵니다. 차가 거의 지나다니지 않는 시골길에서도 신호등이 바뀔 때까지 우두커니 바라보며 기다립니다. 그런 나를 두고 지인들은 융통성이 없다는 말을 자주 합니다.

지난 일이지만 내가 직장 생활을 원만하게 하지 못한 이유도 융통성이 없고 혼자 놀기를 좋아하는 것이 주원인이 아닐까 싶습니다. 그러나 어떤 성격을 타고났든 거기에 맞는 일은 분명히 있습니다. 원칙을 고수하고 융통성이 없는 성격은 대인 관계가 원만하지 않기 때문에 직장 생활을 하기는 힘들어도 혼자서 하는 일에는 부족함이 없습니다.


그래서일까요. 많은 것을 내려놓고 두 번째 직업으로 선택한 작가의 길은 나에게 안성맞춤입니다. 물론 안정적이지 못하기에 결핍 속에 머무는 시간이 많지만 장점도 있습니다. 하루에 10시간 작업에 몰입하는 순간만큼은 나에게 최고의 편안함을 안겨주기 때문입니다. 25년을 작가로 살다 보니 생각과 행동도 느려졌습니다.

이런저런 생각을 하고 있는데 시내로 가는 버스가 도착했습니다. 희망의 만남을 생각해서인지 아니면 오랜만에 도심 속으로의 외출 때문인지 소풍 가는 기분처럼 설렙니다. 미소를 머금고 교통카드를 단말기에 찍고 나서 뒤쪽 창가 자리에 앉자마자 버스 밖의 풍경이 눈 안에 들어옵니다.

테이크아웃 커피를 마시며 편안히 걸어가는 사람, 땅에 떨어진 파일 뭉치를 주우며 급하게 버스에 오르는 사람, 리어카를 끌며 폐지를 줍는 노인, 저마다 소리 없이 흘러가는 시간 속에서 자신만의 삶의 조각을 이어나가고 있습니다.

그 모든 살아 움직이는 풍경 속에 나 역시 조금 후에 만날 편집장과의 대화를 생각하며 내 나름대로 시나리오를 짜고 있습니다. 만족스러운 협상을 끌어내기 위해 꼭 해야 할 말들을 선택해서 맞추고 있습니다. A안, B안, C안으로 문제를 만들었습니다. 그 해답은 오가는 대화 속에서 찾아야 하니까요.


글을 쓰고 좋은 출판사를 만나 독자들이 선택하는 책으로 나오려면 좋은 글만큼 정직한 출판사를 만나야 하고 진정성이 담긴 편집력도 있어야 합니다. 거기에다가 작가에게는 자신의 글에 대한 확실한 믿음과 흔들리지 않는 꿋꿋한 의지도 필요합니다. 그래야만 자신의 한계를 뛰어넘는 작품을 만들어낼 테니까요. 도종환 시인의 〈담쟁이〉라는 시에 이런 말이 나옵니다.

저것은 벽
어쩔 수 없는 벽이라고 우리가 느낄 때
그때 담쟁이는 말없이 그 벽을 오른다
잎 하나는 담쟁이 잎 수천 개를 이끌고
결국 그 벽을 넘는다


그렇습니다. 담쟁이는 겨울에는 절망이라 부를 만큼 죽은 듯 있다가도 봄이 오면 보란 듯이 푸른 잎을 주렁주렁 답니다.

여름에는 굵은 가지를 위를 향해 쭉쭉 뻗어나갑니다. 가을이면 주홍 색깔로 전신을 곱게 물들이다가 겨울이 오면 다 내어주듯 털어내고 앙상한 가지로 남습니다. 담쟁이를 생각하면 생의 사계를 보는 느낌입니다. 담쟁이처럼 끈질기게 내 것을 찾아 당당하게 누리며 살겠노라 다짐하면서도 막상 돌아보면 결과에 대한 충분한 만족과 보상이 따르지 않았습니다. 그래서 늘 작업을 하면서도 흔들리게 되고 주저앉기도 합니다.

그럼에도 벽을 타고 넘는 담쟁이를 보면 용기를 얻습니다. 담쟁이처럼 나는 여전히 내 생을 붉게 물들이는 희망과 불굴의 의지라는 씨앗을 갖고 있다고 확신하니까요. 그나마 위로가 됩니다. 담쟁이는 나에게는 희망입니다. 담쟁이를 생각하는 순간 힘이 나고 기분이 좋습니다.

담쟁이를 생각하며 생각의 주머니를 펼쳐놓은 사이 버스는 목적지인 인사동에 도착했습니다. 오늘따라 유난히 낯가림이 심한 내가 처음 마주한 월간지 편집장이 낯설지가 않을 만큼 편안했습니다. 물론 내가 의도한 대로 문제의 해답을 이끌어내서 만족스러웠는지도 모릅니다. 인세나 원고료를 떠나 원하는 방향으로 글을 쓴다는 것은 작가의 사명이고 자존심입니다. 생의 모든 것이 오늘처럼만 이루어진다면 얼마나 좋을까요! 오랜만에 웃으며 만남을 마무리했습니다.

프랑스 시인 폴 발레리는 이렇게 말했습니다.

생각한 대로 살지 않으면 사는 대로 생각하게 된다. 무엇을 하든 내 눈높이에 맞는 생각과 행동이 나를 춤추게 한다. 내 몸이 신나게 춤을 춰야 영혼도 신이 난다.

헤밍웨이의 《노인과 바다》에서 큰 물고기 한 마리를 잡기 위해 투쟁하고 인내하는 노인은 생의 목적어를 향해 달리는 우리 모두의 모습입니다. 다만 그 노인이 나라는 생각을 해야 '내 것'을 찾아낼 수가 있고 그렇게 되기까지는 숱한 시행착오를 겪어야 하며 기다림이라는 인내의 시간도 필요합니다. 바다 한가운데서 외로움과 절대 고독에 맞서면서도 희망을 잃지 않은 노인의 "인간은 죽을 수는 있지만 패배하지는 않는다"는 말을 명심하면 됩니다.

생각이 약하면 의지도 약하게 되고 의지가 약하면 도전을 하지 않게 되고 도전하지 않으면 현재보다 좋아지지 않습니다. 아무것도 하지 않으면 아무런 문제도 생기지 않겠지만 대신 아무것도 이룰 수 없습니다.

'내 것'을 찾기 위한 과정은 험난합니다. 반드시 불굴의 의지가 있어야 합니다. 또 무엇을 하든 목적어가 정확해야 합니다. 또 정확한 타이밍에 맞춰 낚아채야 합니다. 그렇게 하기 위해서는 단단한 희망 못지않게 도전을 미루지 않는 꿋꿋한 의지도 필요합니다.

다만 희망이 내 눈높이에 있어야 실천도 수월합니다. '내 것'을 향해 점을 찍듯 정확하게 다가가야 담쟁이처럼 넘지 못할 벽도 넘어 생을 아름답고 화려하게 물들이게 됩니다. 거침없이 벽을 타고 올라 푸른 잎을 붉게 물들이는 담쟁이가 됩니다. 붉게 타오르며 세상의 시선을 끌어 모을 뿐만 아니라 가장 중요한 나에게도 뿌듯해집니다. 더하여 행복의 정원으로 들어가 푹 취하는 멋진 순간과도 마주합니다.

# 나만의 길을 내고 나만의 무늬를 찾아

행복하고 싶다면 다른 사람의 눈치나 시선을 생각하지 마세요

더불어 살아가는 세상에서 한평생 남을 의식하지 않고 살 수는 없습니다. 그러나 많은 사람이 삶의 기준을 자신에게 맞추기보다 타인이나 세상의 기준에 맞추려고 합니다. 때문에 일상이 불안하고 시간에 쫓기다 보니 만족을 하지 못하게 됩니다. 삶의 기준을 누구, 무엇에 두느냐에 따라 만족감이 높기도 하고 낮기도 합니다.

30평대 전세를 살고 있는데 100평대 전원주택에 사는 사람을 부러워하면 불행해집니다. 누구를 원망하며 자신의 신세를 한탄한다면 일상이 증오로 가득 차고 초라한 자신이 한없이 미워질 뿐입니다. 항상 삶의 기준을 남의 시선 남의 기준에 맞추지 말고 나 자신에게 두세요. 나만의 길을 내고 나만의 결을 찾아 나만의 향기를 가져야 합니다. 계단을 오르듯 차근히 하나씩 목표를 이루어가야 과

정도 즐겁고 종착지에서 만나는 그림도 아름답습니다.

세상에 공짜는 없습니다. 어느 날 우연히 로또 대박을 만난 사람은 물질적 풍요는 누리지만 그 돈을 잃을까 봐 새로운 걱정이 시작됩니다. 정신적으로는 더 불안하고 두려워집니다. 누가 돈을 훔쳐 가지 않을까, 누가 돈을 달라고 하지 않을까, 돈을 어떻게 감당해야 할지 수만 가지의 걱정 속에서 방황하고 고민하게 됩니다.

좋은 집, 좋은 음식, 좋은 차는 몸을 편안하게 해줄 수는 있어도 마음까지 편안하게 해주지는 않습니다. 행복은 주관적이니까요. 돈이 많아 고급 식당에서 좋은 음식을 먹고 명품 옷을 입어도 행복을 느끼지 못하는 사람이 있는가 하면 된장찌개에 밥 비벼 먹어도 행복해하는 사람이 있습니다. 행복은 마음이 편안한 상태를 말하는 것으로 눈으로 보는 것이 아니라 마음으로 느끼는 것이기 때문입니다.

행복하고 싶다면 다른 사람의 눈치나 시선을 생각하지 마세요. 있는 그대로의 나를 인정하고 세상의 전부를 긍정적으로 받아들여야 기회가 주어집니다. 긍정적인 마음, 열린 생각으로 세상 속으로 들어가야 더 많은 기회가 주어집니다. 스스로를 부정적인 생각에 가두지 마세요. 갇힌 동굴에는 어둠뿐이고 빛이 들어오지 않습니다. 환한 햇살 속으로 나아가세요. 그래야 행복을 만나는 기회가 많아집니다.

더 이상 불행하다는 생각으로 스스로 상처받고 싶지 않다면 도전하세요. 도전 자체를 즐길 때 작은 성취도 만족을 이끌어냅니다. 학창 시절에 최선을 다해 공부한 과목의 성적이 나쁘게 나와도 '괜찮아, 다음에는 실수하지 않으면 돼'라고 스스로를 응원하고 배려했던 것처럼 어떤 일을 하든 정성을 다한 도전은 결과가 기대에 못 미치더라도 흘린 땀의 과정은 눈부시도록 아름답습니다.

타인이 나를 어떻게 생각하는지를 궁금하게 여기지 말고 내가 진정으로 원하는 것이 무엇인지를 찾아내어 나만의 특별한 무늬와 향기를 지닌 존재가 되어야 합니다.

# 어제는 바꿀 수 없지만

꿈을 이루는 데 늦은 나이는 없습니다

삶의 조건인 돈, 명예, 사랑 중에서 무엇을 우선순위에 두고 있나요? 돈, 명예, 사랑이라고 말하는 사람도 있을 테고 어떤 사람은 사랑, 돈, 명예라고 말하기도 합니다. 또 어떤 사람은 명예, 사랑, 돈이라고 말합니다.

각자 삶의 가치 기준에 따라 달라지지만 그들 중 우선순위에 따라 꿈도 달라집니다. 무엇을 선택하든 삶의 종착지는 똑같아요. 마지막 이별을 더 아름답고 편안하게 하기 위해 그리고 덜 후회하기 위해 각자 나름대로 열심히 사는 겁니다. 삶의 공통의 목적인 '행복'을 더 많이 안기 위해서는 행복의 조건이 되는 돈, 명예, 사랑을 넉넉하게 가지는 게 좋겠죠. 그러려면 남들보다 더 많이 노력해야 합니다.

한 알의 사과가 태어나기까지 적당한 태양, 온도, 수분, 바람이 함께해야 하고, 사과 꽃이 땅에 떨어지고 빨간 사과가 주렁주렁 열리기까지 또 여러 계절을 견뎌야 합니다. 인생도 마찬가지예요. 내가 선택한 것에 후회 없을 만큼 정성을 다하고 나서 겸허한 마음으로 결과를 기다려야 합니다. 어쩌면 기다림의 시간이 성찰과 수행의 시간이니까요.

또 결과가 무엇이든 겸손한 마음으로 받아들여야 합니다. 결과가 안 좋더라도 새로운 목적지를 찾아 오늘을 충실히 살며 고통, 아픔, 기쁨, 분노와 같은 수많은 감정의 밭을 사랑으로 껴안아야 합니다. 그 끝이 아픔이든 기쁨이든 오로지 내 책임이고 살아온 데 대한 정직한 평가니까요.

결과에 대한 책임도 나에게 있습니다. 비록 실패했다 하더라도 나의 힘을 믿고 참을성을 가지고 목적지를 향해 뚜벅뚜벅 가야 합니다. 죽도록 힘들어 포기하고 싶을 때는 나보다 더 힘든 누군가를 생각하며 끝까지 가야 합니다. 한참을 와서 포기하면 다시 출발역으로 돌아가지만 포기하지 않으면 조금 늦더라도 종착역에 도착하니까요.


꿈을 이루는 데 늦은 나이는 없습니다. 확신, 열정, 용기, 불굴의 인내심을 가지고 차근차근 계획을 세워 덤비면 어떤 장애물도 앞을 가로막지 못해요. '할 수 있다'는 자신감과 '해야 한다'는 확신을 가지면 이룰 수 있습니다. 굳은 의지가 중요합니다. 지나간 어제는 바꿀 수 없어도 내일은 얼마든지 바꿀 수가 있으니까요. 성공은 낮은 곳에서부터 시작되어야 가치 있는 것이니까요.

◆　◆　◆

나는 느리게 걸어가는 사람이다.
그러나 뒤로 가지는 않는다.

– 링컨

# 나로 살게 하는 깨우침

성공도 실패도 삶의 과정에서 만나는 소중한 경험입니다

우리는 무엇이 '되고' 무엇을 '갖기' 위해 듣고 배우며 훈련을 받습니다. 무엇이 '되고' 무엇을 '갖는' 것은 욕망을 뛰어넘어 열망입니다. 무엇이 '되고' 무엇을 '갖기' 위해 듣고 배우고 훈련받는 과정에서 성공과 실패를 경험해야 합니다.

성공도 실패도 삶의 과정에서 만나는 소중한 경험입니다. 그 안에서 성공하면 풍요를 누리고 실패하면 결핍과 고통까지 안습니다. 가난은 사람의 마음을 불안하게 하고 의욕을 잃게 하고 삶의 의지까지 빼앗아 한 사람의 삶을 송두리째 뒤흔들어 놓습니다.

그럼에도 그 가난이 기회라고 말합니다. 가난을 이겨내고 성공 신화를 이룬 사람들은 말합니다. 결핍도 성공을 위해 거쳐 가야 하는 과정이라고요. 가난했던 그 경험을 받아들이는 마음의 자세에 따라 미래의 삶이 바뀌니까요.

영화 〈레미제라블〉은 역사적 사건 속에서 개인의 삶이 어떻게 변하는지를 경고합니다. 가난을 못 이겨 빵 한 조각을 훔친 죄로 19년이나 감옥살이를 하지만 출소 후 은촛대를 훔친 자신의 죄를 덮어주는 신부님의 사랑을 통해 원망과 분노만 가득 찼던 장발장은 사랑을 주는 사람으로 바뀝니다.

장발장을 변화시키는 구원의 힘은 사랑이었습니다. 세상의 부조리와 인간의 악한 마음도 진실한 사랑 앞에서는 무릎을 꿇습니다. 어떤 고난이 닥쳐 내 앞을 가로막는다 해도 '이겨낸다'는 강한 의지와 확신을 가진다면 장발장처럼 가난하고 불우했던 고난의 시간은 지나가고 넉넉하고 축복받는 시간은 반드시 오니까요.

한 톨의 쌀을 얻기 위해서는 봄에 씨를 뿌려야 하고 땡볕 아래에서 밭을 갈고 물을 주며 정성을 다해야 합니다. 수확으로 끝나는 것도 아닙니다. 혹독한 겨울 추위를 견디며 또다시 봄을 준비해야 합니다.

# 시작은 하얀 도화지

누구의 인생이든 시작은 하얀 도화지입니다

간혹 사회에 첫발을 내딛는 직장인들 중에는 유명 인사를 성공의 롤 모델로 삼는 경우가 있습니다. 그의 성공 시나리오를 좇아가며 그에게서 삶의 정답을 찾는 경우가 있습니다.

그러나 이것은 위험한 생각입니다. 분명 그와 나는 성장 환경, 성격, 능력이 다르기 때문입니다. 또 누구의 인생이든 시작은 하얀 도화지입니다. 처음부터 완성된 성공 시나리오를 갖고 출발하지 않습니다. 성공 시나리오는 현실과 부딪치면서 써 내려가는 다큐스토리(docustory)입니다. 막연히 누구를 좇아가서는 안 되고 나에게 맞는 로드맵을 만들며 가야 합니다.

지식은 배워서 내 것으로 만들 수 있지만 성공은 누구에게 배워서 되는 것이 아닙니다. 경험으로 체험으로 스스로 이루어가야 합니다. 물론 인생 선배인 유명인이나, 부모, 또는 책을 통해 조언을 얻을 수 있습니다. 그럼에도 성공에 꼭 필요한 진액은 아무에게도 배울 수가 없습니다. 치열한 경험, 생존 경쟁을 통해 배울 수 있을 뿐입니다. 경험이 많아야 중요한 것, 중요하지 않은 것을 냉정하게 구별할 줄 아는 지혜도 생깁니다. 경험을 통해 스스로 깨우쳐야 반듯한 지혜를 갖게 됩니다.

영화 〈포레스트 검프〉에 이런 말이 나옵니다. "인생은 초콜릿 상자와 같아, 먹어보기 전에는 어떤 맛인지 알 수가 없다." 성공도 초콜릿 상자와 같습니다. 내가 어떤 초콜릿을 선택하느냐에 따라 맛이 달콤하기도 하고 쌉싸름하기도 하고 쓰기도 하니까요. 무엇을 이루는 것도 선택입니다. 하나의 선택을 해서 농사짓듯 스스로 경험하며 정성으로 일구어가야 합니다.

시작은 누구나 텅 빈 공간에서 출발합니다. 나무도 심고 살 집도 지으며 정성을 다해야 합니다. 시인 프로스트가 〈가지 않은 길〉에서 말했듯이 두 갈래 길 중에서 나에게 맞는 길을 선택해야 미련도, 후회도 적습니다. 좌충우돌하면서 뼈아픈 경험을 견뎌내야 나중에 쓰게 될 멋진 월계관도 귀한 보배가 됩니다.

예술가를 보더라도 고흐나 파가니니처럼 그림이나, 바이올린으로 한 우물을 파서 성공하는 경우도 있지만 색채의 마술사로 불리는 프랑스 화가 마티스나 시인 T.S. 엘리엇처럼 다른 일을 하다가 나중에 좋아하는 것을 찾아 성공하는 경우도 있습니다.

　자연의 법칙처럼 모든 것은 돌고 돕니다. 비가 내리다가도 다시 눈부신 햇살이 비추듯 당장은 스텝이 꼬여 넘어지더라도 멈추어서는 안 됩니다. 꾸준히 연습하다 보면 의외의 장소에서 멋진 춤을 추게 되니까요. 어떤 기회든 우연에서 시작해서 인연이 되어 필연으로 끝납니다. 좋은 기회, 나쁜 기회를 성공으로 이끄는 것은 모두 내 몫입니다. 오래도록 실패만 했더라도 죽을힘을 다해 몰입하다 보면 성공의 월계관을 쓰는 날도 만납니다. 또 아무리 과거에 풍요하고 화려했어도 나태하고 방황하는 시간을 보낸다면 언젠가는 벼랑 끝의 날을 만납니다.

　나이가 많든 적든 새로운 도전 앞에서는 눈치 보며 휘둘리고 우왕좌왕합니다. 나이가 들면 흔들림이 없고 무엇이든지 다 할 수 있다고 생각하지만 막상 나이가 들면 현실은 만만치가 않고 헛살아 왔다는 느낌이 들 때가 있습니다. 다만 도전을 많이 하고 실패를 많이 할수록 미래에 대한 혜안이 생깁니다.

　다시 말해 도전하는 태도에 있어 자연스럽게 발산되는 반듯한 '격(格)'이 생기고 숱한 풍파 속에 깊이 뿌리내려 주변을 단단하게 장악하는 '치(治)'가 생깁니다. 또 무엇에도 휘둘리지 않고 핵심을 단숨에 사로잡는 '기(氣)'를 갖추게 됩니다. 무엇에 도전하든 내 능력의 무게를 정확하게 알고 적당한 눈높이의 목표물을 정해 꾸준히 달리면 됩니다. 노력 없이, 정성 없이, 믿음 없이 성공의 월계관은 주어지지 않습니다.

최고도 좋지만 그게 아니어도 괜찮습니다. 꼭 최고(number one)일 필요는 없습니다. 과정이 즐거우면 절반은 성공한 겁니다. 단 하나(only one)인 나를 믿고 도전하세요. 가장 멋진 위너(winner)는 여러 번 실패했음에도 다시 도전하여 성공하는 사람입니다. 멋지게 뒤집기를 하는 것이 최고의 위너입니다. 뒤집히는 순간 일생일대의 영광의 '꽃'이 활짝 피니까요. 당당한 자신감과 꿋꿋한 의지만 있다면 못 이룰 게 없습니다.

시인 소포클레스는 "오늘은 어제 죽어간 이가 그토록 원했던 내일이다"라고 했습니다. 어제는 이미 지나갔고 내일은 오지 않을지도 모릅니다. 확실한 건 오늘뿐입니다. 오늘을 후회 없이 잘 살면 어제도 빛나고 내일도 화려한 날을 맞이할 수 있습니다. 나의 새로운 역사를 창조하는 힘은 오늘입니다. 오늘을 무사히 버틴 것에 감사하지 말고 오늘을 최고로 잘 살아내어 뿌듯한 마음이 들어야 합니다.

무엇에 도전하든 항상 경계를 늦추지 말아야 합니다. 당장 출구가 보이지 않는다고, 꽃이 피지 않는다고 좌절하거나 자책하지 말아야 합니다. 최선을 다하고 때를 기다리면 됩니다.

《명심보감》에 이런 말이 있습니다. "일생의 계획은 어릴 때 있고, 일 년의 계획은 봄에 있고, 하루의 계획은 새벽에 있다." 그렇습니다. 봄은 새 출발, 희망, 씨앗, 푸르름을 상징합니다. 봄은 익숙한 실패와 결별하고 성공의 날을 열 수 있는 시작의 계절입니다.

희망과 새로운 꿈, 새로운 도전을 알리는 종이 울렸습니다. 힘차게 당당하게 뿌듯하게 영광의 월계관을 향해 뜁시다. 지금 안주하는 것도 좋지만 영광스러운 미래의 '월계관'이 더 좋습니다.

# 기회는 1분마다 찾아올까요?

진정으로 노력하는 사람에게 기적은 찾아갑니다

'무엇을, 어떻게, 왜'라는 목표가 분명하지 않고 꿈을 이루는 절대 조건인 재능, 불굴의 도전, 열정, 의지, 믿음, 투자, 정성, 주변의 응원이 없다면 꿈은 이루어지지 않습니다. 꿈도 상황에 따라 변하니까요.

영화 〈바닐라 스카이〉에 이런 대사가 나옵니다. "1분마다 인생을 바꿀 기회가 찾아온다." 1분 안에 성공과 실패는 갈립니다. 그리고 살아 있는 모든 것은 움직이고 변합니다. 아니 진화한다는 표현이 맞겠군요. 변화 속에는 어제의 것, 오늘의 것, 내일의 것이 공존합니다. 마음의 이정표를 따라가도 고난은 있습니다. 잘 포장된 도로를 만나기도 하지만 길이 없어 내 힘으로 길을 만들어야 할 때도 있습니다.

가야 할 길이 너무 외롭고 멀게 느껴져 주저앉아 울고 있을 때 영화 속 주인공, 찰리 채플린이 나타나 까만 중절모를 허공을 향해 던지며 "정말 힘든 거야, 그럼 웃어봐"라고 말하며 빨간 장미 한 송이를 건네준다면 얼마나 좋겠습니까? 가는 길이 멀어도 힘이 나겠지요.

그러나 대부분의 성공한 사람들은 홀로 견뎌냈습니다. 묵묵히 모래사막을 걷는 낙타처럼 걸어갔다는 것입니다. 그러니까 꿈을 이루고 싶다면 춤추는 '꿈'을 향해 바람개비처럼 끝까지 가야 합니다.

옛말에 성공하는 사람은 눈이 내리면 눈을 밟아 길을 만들어 가지만 실패하는 사람은 눈이 그치기를 기다린다고 했습니다. 꿈은 자격이 있는 사람을 좋아합니다. 자격이 없으면 꿈이 찾아가도 감당하지 못합니다.


신은 모두에게 기적이라는 선물을 내려주지 않습니다. 진정으로 노력하는 사람에게 기적은 찾아갑니다. 아무리 힘들어도 현재 상황을 있는 그대로 받아들이고 껴안아야 합니다. 똑똑하게 실천하다 보면 기적을 만납니다. 확신을 가지고 계획에 따라 실천하면 됩니다. 부족한 부분은 실행하면서 수정하면 됩니다.

실패하더라도 실패한 것에서 배울 점을 찾아내고 수정하여 다시 도전하면 됩니다. 장애물을 만나 앞으로 나아갈 수 없을 때는 오래전에 열정적으로 도전해서 성취감을 맛보며 스포트라이트를 받았던 날을 생각하세요. 지치고 힘들 때 어떻게 이겨냈고 그래서 어떤 대가를 지불했는지를 기억하면 힘이 날 것입니다. 열정을 가지고 수동적인 일상을 능동적으로 바꾸면 됩니다.

나도 누군가의 꿈이 되겠다는 간절함으로 현재의 '소속'에 머물지 말고 미래의 '소속'을 향해 뛰어야 합니다. 훗날 이 순간을 추억할 때 '그때 그렇게 살지 말걸'이 아니라 '그때 참 멋있게 살았어'라고 떠올릴 만큼 정성을 다하면 됩니다.

행운이란 준비와 기회가 만난 순간이다.

– 세네카

# 성공하세요

과거의 나는 바꿀 수 없지만 미래의 나는
얼마든지 좋은 모습으로 바꿀 수 있습니다

누군가의 꿈이 되고 싶은가요. 그렇다면 답은 간단합니다. 성공하세요.

어떻게 성공하냐구요? 연꽃을 생각해 보세요. 연꽃은 연못에서도 꽃을 피우고 진흙 속에서도 화려한 자태를 드러냅니다. 그 안에 천 개의 매혹적인 색깔의 꽃잎을 품고 있습니다. 사람도 마찬가지입니다. 건강하게 태어났다는 것은 이미 성공하기 위한 기본 조건을 갖추었다는 것입니다.

일단 감사해야 합니다. 그리고 내 안에 숨어 있는 성공의 파랑새를 찾아야 합니다. 탁월한 나만의 재능을 찾아 놀이처럼 즐기면 됩니다. 그래야 과정도 즐겁고 성공 신화도 이룰 수 있습니다. 내 앞에 멈춘 것들을 숙제라 생각하지 말고 놀이처럼 축제처럼 즐기세요.

작가는 한 권의 작품을 완성하여 피 같은 영혼을 종이에 담아 낯선 군중 속으로 날려 보냅니다. 어떤 이는 영혼을 위로하며 교감을 나누기도 하지만, 어떤 이에게는 매서운 비판의 소리도 듣습니다. 모든 소리를 가슴으로 껴안아야 자신만의 특별한 색깔과 향을 지닌 작가만의 꽃을 피울 수 있습니다. 비판을 받지 않고 작품 활동을 하는 작가는 없습니다. 공감을 많이 받아도 한쪽으로는 비판의 대상이 되니까요.

어떤 일을 하든 일어나는 모든 것은 존재의 이유가 되고 양날의 칼이 됩니다. 그럼에도 많은 사람이 성공을 향해 달려가는 것은 무슨 일을 하면 잘할 수 있고 또 즐거운지를 잘 알기 때문입니다. 내 안에 잠재된 재능을 밖으로 끌어내어 살릴 가능성이 충분히 있다고 보기 때문입니다. 경쟁에서 이길 수 있다고 믿기 때문입니다. 그것이 성공한 사람이 다방면에서 많이 나오는 이유입니다. 그중의 한 사람이 내가 될 수 있습니다.

다만 시류에 휩쓸리지는 말아야 합니다. 모든 사람의 촉각이 집중되어 있는 99%의 일에 집중하지 말아야 합니다. 그것은 이미 늦은 발상이니까요. 남이 관심을 갖지 않고 개척하지 않은 1%에 목숨을 걸어야 합니다. 반드시 내 안에도 숨은 1%의 재능이 있습니다. 그것을 밖으로 끄집어내어 맘껏 가지고 놀아야 합니다. 그리고 자랑해야 합니다. 자신만의 철학을 가지고 질주해야 합니다. 훗날 이름만 남기고 사라지는 서글픈 존재는 되지 말아야 합니다.

IT의 황제 빌 게이츠처럼 세상을 뒤바꾸든가, 마더 테레사처럼 사랑을 남기든가, 법정 스님처럼 무소유의 정신을 남기든가, 이중섭처럼 그림으로 흔적을 남기든가, 삼성 이건희 회장처럼 세상에 한 획을 긋는 사람이 되든가 해야 합니다.

사소함(little)이 위대한(big) 성공(success)을 부른다는 것은 잘 알려진 사실입니다. 과거의 나는 바꿀 수 없지만 미래의 나는 얼마든지 좋은 모습으로 바꿀 수 있습니다. 지금 시작하면 나도 누군가의 꿈이 되어 롤 모델이 됩니다. 현재의 '나'에 머무는 것이 아니라 미래의 더 멋지고 아름다운 '나'를 위해 노력하세요.

# 레시피를 제대로 사용하고 있나요?

아무리 좋은 것이라도 나에게 맞지 않으면 성공할 수 없습니다

학창 시절에는 공부가 오로지 책임이고 의무가 될 만큼 공부하라는 말을 귀가 닳도록 듣습니다. 어른이 되고 나서는 모든 것이 자율 속에서 이루어지는 것 같지만 자율보다 두려운 것이 없다는 것을 살아갈수록 뼈저리게 느끼게 됩니다. 때로는 "세상이 불공평하다, 원망스럽다"고 하소연하지만 돌아오는 말은 이렇습니다. "누구나 힘들다. 그럼에도 열심히 산다. 억울하면 성공하라."

성공하고 싶죠. 성공한 이들의 지서전을 펼치면 이렇게 말합니다. 좋아하는 것을 찾아 도전하라고. 하지만 정작 필요한 '어떤 방법'으로 '어떻게' 해야 하는지를 정확하게 알려주지 않습니다. 그러니 대부분의 사람은 자신의 정체성도 무시한 채 무작정 성공한 사

람들의 로드맵을 따라갑니다. 그 길로 들어가 한참을 헤매다가 돌아 나옵니다. 숱한 시행착오를 겪으면서 깨닫게 됩니다. 눈앞에 보이는 길이 모두 나의 길이 아니라는 것을. 분명 내가 가야 할 길이 따로 있다는 것을 실패를 통해 깨닫습니다.

인생은 채움과 비움의 연속입니다. 살면서 부모에게서 학교에서 사회에서 책을 통해서 인생 선배를 통해서 채움과 비움의 미학의 개론을 배웁니다. 그러나 정작 중요한 것은 아무에게도 배울 수가 없습니다. 스스로 실천에 옮기면서 배우게 됩니다. 채움과 비움도 경험이 많아야 중요한 것, 중요하지 않은 것을 냉정하게 구별할 줄 아는 지혜가 생깁니다. 깨우친 것들이 모여 반듯한 지혜가 됩니다.

아무리 좋은 것이라도 나에게 맞지 않으면 성공할 수 없습니다. 내 생각, 내 환경, 내 성격과 의지에 맞아야 합니다. 아무리 좋은 옷이라도 내 몸에 맞지 않으면 내 옷이 될 수가 없듯이 어떤 일을 하더라도 나에게 맞았을 때 성공할 확률이 높은 겁니다. 나에게 맞지 않은 일이라면 아무리 오래 붙잡고 있어도 결과가 좋지 않습니다. 깊이 발을 들여놓기 전에 포기하는 것이 좋습니다.

무엇이든 마음의 주인이 되지 않고서는 원하는 것을 이룰 수가 없으니까요. 내 것을 가져보지도 못한 채 남의 것을 만지작거리다가 시간만 보내게 됩니다. 내 것을 갖기 위해서는 목적어의 기준을 모두의 눈높이에 맞추지 말고 오로지 내 눈높이에 맞추어야 합니다. 내 재능을 찾아 내 것에 목적과 존재 가치를 부여하며 자부심을 갖고 몰입해야 합니다. 내 능력의 무게를 정확하게 알고 적당한 눈높이의 목표물을 정해 꾸준히 달려야 합니다.

또 야망을 이루는 데 적당한 자만심은 필요하지만 그것이 지나치면 오만이 됩니다. 오만은 친구보다 적을 많이 만듭니다. 다시 말해 벽이 생깁니다. 내가 타인에게 다가가는 것도 타인이 내게 다가오는 것도 힘들게 만드는 날카로운 경계가 생깁니다.

적당한 자만심으로 내 삶의 통제권을 가지고 살아가는 것이 중요합니다. 무엇을 하든 적당한 경계에 서서 합리적으로 해결하는 능력을 가져야 합니다. 인생의 주인공으로 살기 위해서는 나의 정체성을 알아야 합니다. 내가 좋아하는 것이 무엇이고 잘할 수 있는 것은 어떤 일인지 정확히 알아야 합니다.

그리고 중요한 것은 자존입니다. 자존은 영어로 Self-respect, 스스로를 사랑하고 귀하게 여기며 존경한다는 의미입니다. 자존감이 높은 사람일수록 자신이 하는 일을 사랑하고 인생의 주인이 되어 삶을 이끌게 되니까요.

이 세상에 당연히 주어지는 것은 없습니다. 아마도 부모에게 대단한 유산을 물려받은 사람을 빼고는 다 비슷합니다. 사회생활을 시작하면서부터는 받는 것보다 내어놓아야 할 것들이 많습니다.

마땅한 권리보다 당연한 의무를 세상은 요구합니다. 내가 먹는 밥, 내가 입는 옷, 내가 자는 집까지 스스로 해결해야 합니다. 사는 것이 팍팍하고 힘이 듭니다. 그것이 인생입니다.

결핍을 채워가며 실패와 성취를 오르내리며 믿음으로 배신으로 웃고 웁니다. 감사하고 분노하고 용서하고 또 화해하며 삽니다. 좋은 인간관계를 맺는다는 것이 힘이 듭니다. 그래서 《어린 왕자》를 쓴 생텍쥐페리도 "세상에서 가장 어려운 일은 사람의 마음을 얻는 일"이라고 말했는지 모릅니다. 스스로 인생의 주인이 되어야 행복합니다. 인생의 목적어는 행복이니까요. 돈을 많이 벌고 명예를 높이고 권력을 쥐려고 하는 것도 종착지는 행복입니다.

인생의 텅 빈 정원에 무엇을 채우고 또 무엇을 비울지 스스로 결정해야 합니다. 그래서 고민이 되고 두려운 것입니다. 게다가 그 밭에 소유하고 싶은 것들을 꽉 채울수록 마음의 밭에는 걱정의 무게가 늘어난다는 사실을 알면서도 비우고 내려놓기는 채우기보다 힘듭니다. 그 사실을 깨닫고 비움을 실천해야 온전한 주인으로 살았다고 말할 수가 있습니다.

나를 행복으로 이끄는 야망은 무엇인지, 내가 이룰 수 있는지, 내 능력의 크기, 한계 등의 레시피를 충분히 갖고 있는지, 그리고 그 레시피를 어떻게 조화롭게 이용해야 맛있는 인생이 되는지를 점검해 가며 행복한 마음으로 요리해야 합니다. 그래야만 만드는 과정도 즐겁고 결과도 좋아 멋진 인생의 주인공이 됩니다.

　그대는 지금, 멋진 인생으로 이끄는 레시피가 무엇인지 정확히 알고 있나요? 또 그 레시피를 얼마나 갖고 있나요? 그리고 어떻게 효율적으로 사용하고 있나요?

# PART 2

# 한번은 길을 잃고
# 한번은 길을 만든다

나만의 행복을 찾고 싶다면 멀리서 찾지 말고 주위를 둘러보세요.
소소한 것에 행복이 숨어 있습니다. 관심을 가지고 들여다보세요.
내 앞에 멈춘 것들, 나를 바라보는 파란 하늘, 나를 비추는 눈부신 햇살,
나를 기다리는 자판기에서 막 뽑은 커피 한 잔이 행복 조각입니다.

# 세잎클로버를 찾으시나요?

'절대 그러면 안 돼' 라고 생각하지 말고
'그럴 수도 있어' 라고 생각을 바꿔보세요

잊고 싶지만 잊히지 않는 고통으로 힘들 때는 마음에 쉼표 하나 찍으며 긍정의 관심법으로 세상을 바라보세요. 스트레스가 쌓이는 이유는 모든 것에 지나치게 집착해서입니다. 그것이 내 마음을 불편하게 하는 가장 큰 이유입니다.

'절대 그러면 안 돼'라고 생각하지 말고 '그럴 수도 있어'라고 생각을 바꿔보세요. 나를 향해 몰려왔던 스트레스가 서서히 떠나갑니다. 긍정의 생각이 긍정의 행동을 부릅니다. 긍정의 마음으로 살아가세요. 과거는 이미 사라져 버렸고 남은 것은 현재뿐입니다. 그리고 내일은 있을지 없을지도 모릅니다. 다만 내일이 있다고 믿기에 오늘도 열심히 사는 겁니다. 오늘을 행복하게 살면 어제의 나쁜 기억도 퇴화되면서 아름다운 추억으로 바뀝니다. 어제보다 오늘이 더 기쁘고 오늘보다 내일이 더 기다려진다면 이 얼마나 아름다운 인생인가요?

지혜로운 생각을 많이 하면 세상은 어둠보다 밝음이 많습니다. 삶의 이정표가 보이지 않을 때는 생각의 반대편에 서서 스스로에게 '나는 무엇을 위해 어떻게 살아왔는가' 질문해 보세요. 어쩌면 마음속 깊은 곳에 숨어 있던 아물지 않은 상처가 조금씩 옅어지고 고통이 가라앉는 경험을 하게 될지도 모릅니다.

상처의 치유는 나만이 할 수 있습니다. 지난 시간을 리플레이해 보면 행복했던 순간은 돈이 많았던 때도, 대단한 명예를 가졌던 때도 아니라는 것을 알게 됩니다. 지극히 평범한 일상에서 행복을 만납니다.

나만의 행복을 찾고 싶다면 멀리서 찾지 말고 주위를 둘러보세요. 소소한 것에 행복이 숨어 있습니다. 관심을 가지고 들여다보세요. 내 앞에 멈춘 것들, 나를 바라보는 파란 하늘, 나를 비추는 눈부신 햇살, 나를 기다리는 자판기에서 막 뽑은 커피 한 잔이 행복 조각입니다. 행복은 주변에 있고 따뜻한 쉼은 어디에나 흐릅니다. 단지 눈에 띄지 않은 옷을 입고 있을 뿐입니다. 관심을 갖고 정성껏 찾으면 보입니다. 같은 것을 보면서도 어떤 사람은 희망을 찾아내고 어떤 사람은 절망을 읽습니다. 마치 이별한 사람에게 장미는 눈물의 꽃이 되고 사랑을 시작하는 사람에게는 축복의 꽃이 되는 것과 같습니다.

보이는 것들을 정성껏 바라보고 솔직하게 표현하세요. 무엇이든 첫 번째 의미를 나에게 두세요. 나를 위해 선물하고 나를 위해 웃고 나를 위해 울고 나를 위해 노래하세요. 나 자신의 능력을 믿고 아낌 없는 지지를 보내세요. 내 안에 숨어 있는 세잎클로버가 밖으로 나오도록 정성껏 나를 사랑하세요.

# 한번은 길을 잃고 한번은 길을 만든다

한 번의 실패가 미래로 나아가는 데 발목을 잡아서는 안 됩니다

무작정 여행을 떠날 때에 방향을 잘못 잡아 길을 잃을 때가 있습니다. 한참을 방황하다가 주변 사람들에게 묻고 또 물어 방향을 찾게 됩니다. 인생도 마찬가지입니다. 한평생을 살다 보면 한순간의 잘못된 선택으로 실패를 할 때가 있습니다. 그러나 다시 일어나 부지런히 노력해서 성실하게 나아간다면 단 한 번의 실패가 기회가 되어 영광을 안겨주기도 합니다. 다시 말해 단 한 번의 실패가 실패한 인생으로 매듭지어지지는 않는다는 뜻입니다.

한평생을 살다 보면 한번은 길을 잃고 또 한번은 길을 만들게 됩니다. 그 이유는 간절하게 찾는 기회는 주변을 아무 데나 돌아다니기 때문입니다. 기회는 부지런한 사람을 좋아합니다. 그래서 주변

을 돌아다니는 그 기회는 부지런한 사람에게 다가갑니다. 부지런한 사람이 마지막에 웃는 주인이 됩니다.

실패했다고 주저앉아 자책하고 있으면 기회는 다른 곳으로 날아갑니다. 영광의 길을 만들기는커녕 영원히 길을 잃고 방랑하며 살게 됩니다. 영원히 실패한 미래 속에서 참담하게 살게 됩니다. 결코 넘어지지 않는 것이 아니라 넘어질 때마다 다시 일어서는 것, 거기에 가장 큰 영광이 존재합니다.

희망이 가득한 미래를 기다린다면 한 번의 실패에 주저앉지 말고 다시 일어나 도전해야 합니다. 물론 실수를 되풀이하면 습관이 되어 일어날 수 없게 됩니다. 같은 실수를 되풀이하지 않아야 합니다. 영화 〈포레스트 검프〉에 이런 말이 나옵니다. "과거는 과거로 남겨두어야 앞으로 나아갈 수가 있다." 한 번의 실패가 미래로 나아가는 데 발목을 잡아서는 안 됩니다. 그러기 위해서는 실패는 빨리 잊어버리고 새로운 계획으로 도전하면 됩니다.

물고기를 잡으려면 강으로 가면 되고, 호랑이를 잡으려면 산으로 가야 합니다. 마찬가지로 성공의 영광을 안으려면 돈을 벌고, 사회적 지위를 높이려면 그들이 머물고 있는 정글 숲으로 당당히 뛰어들어야 합니다.

원하는 것이 있는 곳에 나를 밀어 넣어야 결과물을 얻게 됩니다. 물론 '내 것'이라는 정확한 목적어를 정해서 날렵하게 행동해야 합니다. 정확한 '내 것'이라는 목적어가 없으면 시류에 휩쓸리게 되고 그러다 보면 '내 것'을 찾지 못한 채 들러리 인생을 살게 됩니다.

반드시 내가 원하는 '내 것'을 찾아 출발해야 합니다. 물론 '내 것'을 찾아 떠나다 보면 때로는 내가 어디로 가고 있는지 잘 모를 때가 있습니다. 다시 말해 방향을 잘못 선택해 길을 잃을 때가 있습니다. 그럴 때에는 내 안의 목소리에 귀를 기울이면 됩니다. 영어 'lost'의 반대말은 'find'입니다. 잃어버린 내 길은 차가운 머리가 아니라 따뜻한 가슴이 찾게 해줍니다. 내가 스스로 찾아 나서야 그토록 원하던 '내 것'을 발견할 수 있습니다. 다른 곳을 기웃거리다가 아니면 이럴까 저럴까 망설이다가 시간은 지나가 버립니다. 이만큼 오던 기회가 다시 저만큼 멀어집니다.

어떤 것을 선택해서 하든지 마음이 가리키는 곳으로 눈을 돌리고 발길을 재촉하면 됩니다. 내 길을 찾았으면 밟고 또 밟아 편안히 오갈 수 있도록 나만의 길을 만들어야 합니다. 다시 말해 스스로 기회를 잡아 영광의 내 길을 만들어야 합니다. 남이 간절히 원하는 '저것'이 아니라 내가 간절히 원하는 '내 것'이 되어야 만족하게 됩니다.

내가 만든 길은 남이 잘 가지 않는 하찮은 길일지 모르지만 나에게는 더할 나위 없이 멋진 길입니다. 남의 눈치를 보지 않고 열심히 밟고 또 밟아 나만의 편안한 길을 만들면 됩니다. 그것이 바로 나의 길, 나다운 성공의 길이 됩니다. 간절히 바라는 나다운 길을 만들어야 성공한 인생이 됩니다.

살면서 가장 슬픈 말은 '미안하다, 후회한다'입니다. 먼 훗날 다 내려놓고 떠날 즈음에 스스로 "당신, 참 멋진 인생을 살았어"라며 웃을 수 있어야 성공한 인생을 살았다고 말할 수 있습니다. 멋진 인생의 주인공은 이 글을 읽는 그대입니다. 따뜻한 가슴으로 세상을 바라보고 행동하세요. 인생의 주인공은 그대니까요!

*The best moments are the beautiful things*
*It's the moment to say it's beautiful.*

최고의 순간이란 아름다운 것들을
아름답다 말할 수 있는 그 순간이다.

– 영화 〈바닷마을 다이어리〉 중

# 몸은 안녕한가요?

아무리 돈이 많아도 살 수 없는 것이 있습니다

하루 일과를 마감하고 뉴스를 접하다 보면 느끼는 것이 있습니다. 최고의 자리에 올라 돈, 명예, 권력을 가진 사람도 한순간에 찾아온 병마와 싸우다가 죽음을 맞이합니다.

인생을 살아가는 데 가장 중요한 것은 무엇일까요? 어떤 사람은 돈이라고 대답하는 사람도 있고 권력이라고 말하는 사람도 있고 명예라고 대답하는 사람도 있습니다. 아마도 사람에 따라 나이에 따라 다를 것입니다. 죽음에 대해 거의 생각해 본 적이 없는 청춘 시절에는 돈이나 명예, 권력을 1순위에 둘 것입니다. 그러나 아파서 한번쯤 심하게 삶과 죽음의 경계에 서본 사람은 '건강'이 행복의 첫 번째 조건이라 말합니다.

돈의 결핍은 생활의 불편을 줍니다. 능력의 결핍은 자신감을 잃게 하고 좌절감을 줍니다. 그러나 건강의 결핍은 모든 것을 빼앗습니다. 나뿐만 아니라 가족 모두를 고통스럽게 만듭니다. 심할 경우는 삶의 끈을 놓게 만듭니다. 돈이 부족하고 능력이 부족하면 주변에 도움을 청할 수 있습니다. 그리고 노력하면 현재보다 훨씬 좋아질 수 있습니다.

돈이 많으면 많은 것을 살 수 있습니다. 그러나 아무리 돈이 많아도 살 수 없는 것이 있습니다. 바로 건강입니다. 건강은 많은 것을 잃게 만듭니다. 가장 먼저 잃는 것은 직장입니다. 그리고 찾아오는 것은 경제적 궁핍이고 심할 경우에는 가까웠던 사람들과 멀어지게 됩니다. 어찌 보면 돈을 잃으면 생활의 결핍을 겪게 되지만 건강을 잃으면 다 잃게 됩니다.

건강은 건강할 때 지키는 것이 정답입니다. 스트레스가 찾아오면 쌓이지 않게 방법을 찾아 털어내야 합니다. 규칙적으로 생활하고 술과 담배를 가능한 한 피하고 제철 음식 위주로 자연식을 할 때 건강의 결핍을 최소한으로 줄일 수 있습니다. 건강해야 돈도 명예도 사랑도 잃지 않습니다. 행복의 첫 번째 조건은 건강입니다.

# 무엇을 해야 할까요?

행복은 대단하지도 멀리 있지도 않습니다

단순하게 생각하고 분수를 지키며 살아갈 때 즐거움은 큽니다. 《탈무드》에 이런 말이 있습니다. "세상에서 가장 지혜로운 사람은 끊임없이 배우는 사람이고 세상에서 가장 행복한 사람은 감사하며 사는 사람이다."

행복은 일상에서 만납니다. 재미있는 것을 할 때, 맛있는 것을 좋은 사람과 함께 먹을 때, 반드시 나만이 할 수 있는 일이 있을 때 행복을 크게 느낍니다. 남의 것을 쳐다보며 비교하거나 부러워하면 행복은 멀어집니다. 불안과 좌절감만 밀려듭니다.

물건도 명품, 브랜드, 시장 상품이 다양하게 생산되는 것처럼 인생에도 분명 A급, B급, C급, D급이 정해져 있습니다. 분명 나는 뱃속 깊숙이 C급의 생각과 행동 그리고 의지로 가득한데 A급의 인생을 흉내 내려다 삶 전체를 망칠 수 있습니다.

내가 현재 C급의 삶이라면 B급의 삶을 살기 위해서는 지금보다 10배는 더 시간을 쪼개서 일을 하고 공부해야 합니다. 말 그대로 전쟁처럼 오늘을 살아내야 합니다. 내 것을 찾아 내 것을 목표로 살고 지켜내야 합니다. 목적에 '끌려 다니는 삶'이 아니라 목적을 '이끌어가는 삶'을 살다 보면 마치 빨갛게 변한 잎이 나무에서 떨어지듯 나에게 필요 없는 것들은 자연스레 멀어집니다.

시간의 흐름과 함께 몸은 관성의 법칙으로, 일은 습관의 채찍으로 움직인다면 미래는 희망적이지 않습니다. 무엇을 하든 역동적으로 능동적으로 움직여야 에너지가 넘칩니다. 무엇을 하든 미래와 과거에 집착하지 말고 현재에 충실해야 합니다.

삶이 고달프고 힘든 이유는 남이 만들어놓은 행복의 기준에 나를 끼워 맞추기 때문입니다. A급 인생은 A급 인생의 기준에 맞춰 사는 거고, B급 인생인 나는 B급 수준에 맞춰 살면 편안해집니다. 헬렌 켈러의 자서전에 보면 이런 말이 있습니다.

사흘만 세상을 볼 수 있다면 첫째 날은 사랑하는 사람의 얼굴을 볼 것이고, 둘째 날은 밤이 아침으로 바뀌는 기적을 볼 것이고, 셋째 날은 사람들이 오가는 평범한 거리를 보고 싶다.

그렇습니다. 행복은 대단하지도 멀리 있지도 않습니다. 늘 일상에서 길들여진 익숙한 것들 안에 있습니다. 건강하게 살아가는 자체, 눈부신 햇살, 상큼한 공기, 예쁘게 피어오른 공원의 꽃을 보며 두 발로 산책하며 세상을 느끼는 그것이 행복이니까요.

긍정의 노력으로 자신감을 쌓고 자신감으로 용기를 얻고 용기로 꿈을 키우면 기적이 옵니다. 내 것을 향해 걷고 뛰고 달리면 됩니다. 높이 오르기 위한 경쟁이 아니라 나에게 맞는 리듬으로 순간순간을 즐기며 살면 됩니다.

# 누릴 수 있는 조건,
# 자격이 갖추어진 최고의 날

아무리 어두운 밤도 결국은 동이 트게 되어 있습니다

돌아보니 내 생도 굴곡진 날들이 참 많았습니다. 스무 살이 되기 전에는 분에 넘치는 사랑을 듬뿍 받으며 남부럽지 않게 살았습니다. 대학을 졸업하고 멋진 회사의 회사원이 되었을 때에는 세상이 나를 위해 열린 것 같았지요. 서른 중반, 진중하지 못한 선택으로 몇 년 동안 칼날 위에서 아슬아슬 춤을 추었습니다. 그럼에도 열심히 일하고 착하게 살면 기적이 내게로 오는 줄 알았습니다. 바보처럼 시간이 흐르면 한 번의 기적이 찾아올 거라 믿으며 우연에 기대어 살기도 했습니다.

지옥 같은 벼랑 끝에서 허우적거리다가 피투성이의 몸으로 탈출하고서야 깨달았습니다. 이 세상에 당연히, 공짜로 주어지는 것은 아무것도 없다는 것을. 노력해서 가져야 한다는 것을. 이 세상에 믿을 것은 나뿐이라는 것을. 내가 반듯해야 가족도 보이고 사람들이 보인다는 것을. 그토록 애타게 찾던 행복이라는 기적도 내가 만들어가야 한다는 것을. 힘든 시간을 빠져나온 내게 떠오른 한마디는 작가 해리엇 비처 스토가 쓴 《톰 아저씨의 오두막》에 나오는 말이었습니다.

*The longest day must have its close*
*the gloomiest night will wear on to a morning.*
아무리 먼 길도 반드시 끝이 있고,
아무리 어두운 밤도 결국은 동이 트게 되어 있다.

지나온 나의 생은 무섭게, 혹독하게 채찍질하며 말했습니다. 지나온 모든 길을 잊고 지우라고. 바람이 된 길이든, 별이 떨어진 길이든, 그래야 새로운 길이 열린다고. 그랬습니다. 과거를 기억하되 과거에 끌려 다녀서는 안 되었습니다. 즐거웠든 힘들었든 간에 과거에 머물다간 앞으로 한 걸음도 내디딜 수가 없었습니다.

정말로 과감히 잊고 지우니까 기적처럼 새로운 길이 열렸습니다. 또 나의 길은 단 하나뿐이고 나만이 만들 수가 있었습니다. 괴테의 시에 나오는 것처럼 '눈물과 함께 빵을 먹으며' 나의 길을 만들기 위해 죽을힘을 다했습니다. 홀로 폭풍 같은 고통을 이겨내고 피가 흐르도록 벗겨진 상처를 치유하고 나니 그때 내 나이 마흔이었습니다.

행복을 찾아 수년을 술래잡기를 하고 보니 행복은 대단하지가 않은 것이었습니다. 나를 필요로 하는 일이든, 내가 필요한 일이든, 반드시 일을 하며, 적당히 아프며, 좋아하는 사람을 만나 맛있는 식사를 하는 것, 가고 싶은 곳을 찾아 여유 있게 누리는 것, 다시 말해 행복을 마주한다는 것은, 하늘의 별을 따는 것과 같은, 판타지 영화에 나오는 그런 마주침이 아니었습니다.

건강하게 아침에 눈을 떠 가족과 함께 밥을 먹고 출근을 하고 퇴근을 해서 돌아와 사랑하는 사람들과 웃으며 이야기를 나누는 시간을 많이 갖는 것이었습니다. 가족, 동료, 친구, 지인 들과 소통하며 편안함을 모으는 것이었습니다. 그 편안함이 모아져 누구나 바라는 '평범한 일상'을 선물 받는 것이었습니다.


행복의 전부라고 외쳤던 그 '평범한 일상'을 무시하며 하늘의 별을 따러, 달을 만나러, 무지개를 좇아 뛰어다녔기에 '평범한 일상'과는 멀어졌던 것이었습니다. 너무 가까이 있는 것을 벗어나 멀리서 높은 곳에서 대단한 것을 찾으려 했습니다. 그 사실을 깨닫고 나서야 비로소 참회의 눈물이 주르르 흘렀습니다. 밖의 '나'와 내 안의 '나'와의 진정한 해후였습니다.

내려놓고 비우니, 욕망을 줄이고 내 눈높이를 가늠할 정도가 되니 나를 포함한 주변의 것들이 자세히 보였습니다. 세상의 모든 것들이 발버둥 치며 살아왔던 나를 토닥이는 것 같아 고마웠습니다.

그 후 10년이 흘렀습니다. 여전히 결핍 속에 머물고 있지만 그래도 행복합니다. 책을 내고 글을 쓰며 받는 인세, 원고료로 당당히 원하는 것을 사는 기쁨. 세상에서 가장 사랑하는 소녀와 함께 웃을 수 있는 소소한 여유. 그것이 성취감이고 행복이라는 것을 알았습니다.

작가로 사는 지금이 행복합니다. 물론 조금 더 사치를 해도 넉넉했던 교사 생활의 그때도 나름 행복했습니다. 과거는 과거일 뿐 현재의 나는 전업 작가입니다. 이제는 분수껏 살아야 합니다. 내가 흔들리면 가족 전체가 흔들리니까요.

가족은 모빌 같습니다. 하나가 흔들리면 곧 전체가 흔들립니다. 모자라면 아껴가며 살면 됩니다. 소고기를 먹지 못하면 돼지고기를 먹으면 됩니다. 생선회를 먹지 못하면 꽁치구이를 먹으면 됩니다. 음식 맛은 누구와 먹느냐에 따라 달라지니까요.

걱정하지 않아도 됩니다. 이제는 조금 힘들어도 남 탓, 세상 탓하지 않고 정면 돌파합니다. 내 인생은 내 것이니까 끝까지 책임과 의무를 다해야 합니다.

부지런히 몸을 움직이고 있습니다. 기대지 않기 위해서, 아니 기댈 수 있는 벽이 없으니까요. 그 사실을 깨닫는 순간 모든 것이 단순해지고 선명해졌습니다. 그러니 더 열심히 일을 하게 되었습니다. 최선을 다하는 이 시간이 철부지 어른 아이를 철이 든 어른으로 만들어놓았습니다.

더 큰 욕심은 없습니다. 희망이 있다면 꾸준히 글을 써서 세상과 소통하며 더 큰 결핍 없이 사는 겁니다. 좋아하는 글을 쓰며 그 대가로 누린다는 것, 그것이 내 몫의 행복이니까요. 앞으로 한 줌의 희망을 추가한다면 소녀를 위해 더 맛있는 것, 함께 아름다운 곳을 여행하며 놓치거나 잃어버린 즐거움을 되찾아 누리는 겁니다.

현재의 환경에서 누릴 수 있는 즐거움, 환희, 만족을 발견해 나갈 겁니다. 앞으로 욕심 부리지 않고 '적당함'을 찾아 생을 노래할 것입니다. 지옥 같은 어제를 잊지 않되 천국 같은 내일을 꿈꾸며 사는 것만큼 아름다운 생은 없으니까요.

결국, 행복으로 가는 첫 번째 조건은 현재의 나를 정확히 깨닫는 것입니다. 그래야 어디서 무엇을 하든 두렵지도 창피하지도 않습니다. 다시 말해 생의 최고의 가치인 행복은 공짜로 얻기 위해 두리번거리지 말고 남의 것 뺏지 말고 발에 땀 나도록 노력해서 가지는 겁니다.

실체가 없는 행복이라는 추상명사를 실체가 있는 보통명사로 만들어야 행복의 주인공이 됩니다. 그때가 되면 저절로 입가에 잔잔히 미소가 번집니다. 누릴 수 있는 조건, 자격이 갖추어진 최고의 날이 됩니다. 곧 밀물 되어 만족감이 밀려듭니다. 순식간에 머리끝에서 발끝까지 차고 흐르는 만족의 전율, 감동, 그것이 행복이니까요.

# 흔들리며 피는 꽃

살아 있는 모든 것은 흔들립니다

누구나 그렇게 생각할 것입니다. 내 삶은 왜 이렇게 안절부절못하며 흔들릴까? 그러나 배를 타고 여행을 하면 깨닫게 됩니다. 바다를 항해하는 배가 바람을 거슬러 갈 수 있는 것도 바람에 맞서 똑바로 가지 않기 때문입니다. 자세히 관찰해 보면 왼쪽 오른쪽으로 조금씩 방향을 틀면서 나아갑니다. 배가 완전히 뒤집히지 않는 한 흔들리면서 지그재그로 가면서도 목적지를 향해 나아갑니다.

우리네 인생은 어떨까요? 생은 바람에 나부끼는 잎새처럼 흔들립니다. 눈을 뜨는 순간 보이는 모든 것과의 선택에서 흔들림과 마주합니다. 커피를 마시든, 녹차를 마시든 선택의 과정에서 흔들리게 됩니다. 또 사람과의 소통에서도 흔들리게 됩니다. 가족이라는 이유로, 동료라는 이유로, 친구라는 이유로 소통에 있어 원칙에서 벗어날 때 심하게 흔들리게 됩니다.

분명 '이게 아닌데' 하면서 손을 들어주어야 할 때가 있습니다. 인연의 끈 때문에 기울어진 선택을 하면서도 그렇게밖에 할 수 없는 상황이 있습니다. 그런 한쪽으로 기울어진 선택을 할 수밖에 없을 때 심하게 흔들리면서 고통을 안게 됩니다. 가까운 사람일수록 기울어진 선택을 했을 때, 내 힘으로도 감당할 수 없게 되면 자괴감에 빠지게 됩니다. 소통의 부재 사이에서 상처를 주고받는 말이 오가다 보면 금이 가게 됩니다.

결국 삶에서 가장 어려운 것이 선택이고 어떤 선택이든 흔들림은 함께할 수밖에 없습니다. 어쨌든 삶은 순풍에 돛을 단 듯 순조로울 수는 없습니다. 다만 조금씩 방향을 바꿔가며 환경에 적응해야 덜 흔들리며 원하는 곳으로 가게 됩니다. 바람의 힘을 감당하기 힘들 때에는 느리게 움직이며 나아가되 멈추지는 말아야 합니다.

아무리 원칙을 고수하며 앞으로 나아가려 해도 앞쪽에서 심하게 바람이 불 때에는 바람을 피할 곳을 찾아 바람이 멈출 때까지 숨어 있어야 합니다. 아니면 바람이 약하게 부는 쪽으로 방향을 틀어가며 움직여야 합니다. 바람이 심하게 몰아치는데도 처음 세웠던 계획을 절대 포기할 수 없다며 앞으로만 나아가려고 하면 한 걸음도 나아갈 수 없습니다. 조금 시간이 걸리더라도 방향을 틀어 바람이 약하게 부는 쪽을 택해야 합니다.

왼쪽도 보고 오른쪽도 보며 조금씩 흔들리는 것처럼 보이지만 결과적으로는 원래 나아가고자 했던 방향으로 조금씩 움직이는 것이 처음의 계획을 따라가는 길입니다. 물론 시간이 조금 더 걸릴지 모르지만 곧장 앞으로 나아가는 것보다 덜 흔들리며 원하는 곳에 도착하게 됩니다.

자전거를 탈 때에도 마찬가지입니다. 어느 한쪽으로 넘어지려 할 때 그쪽으로 핸들을 틀어 보완해 주지 않고 똑바로 앞으로만 가려 하면 옆으로 넘어집니다. 여기서 또 한 가지 중요한 점은 나아가지 않고 제자리에 정지해 있어도 넘어진다는 것입니다.

다시 말해 흔들리더라도 한 걸음이라도 천천히 움직이면서 계속 나아가야 합니다. 아무리 흔들리더라도 마지막 힘을 다해 두 손으로 핸들을 붙잡고 있으면 움직이며 나아가게 됩니다. 핸들을 놓는 순간 모든 것은 멈추게 됩니다. 그러니 흔들리는 것을 두려워해서는 안 됩니다.

시인 도종환의 〈흔들리며 피는 꽃〉이라는 시에도 나와 있습니다. 모든 꽃은 흔들리며 피는 것이라고. 우리네 인생도 흔들리며 중심을 잡아가는 것입니다. 살아 있는 모든 것은 흔들립니다. 흔들리지 않는 것은 죽은 것이나 마찬가지입니다. 시계의 초침도 멈추면 죽은 것입니다. 흔들리는 것이 정상이고 살아 있다는 증표입니다.

어떤 계획으로 하나의 성취를 얻기 위해서는 어떤 선택을 하든 균형과 원칙을 조화롭게 이끌어가면서 버겁지 않은 실천을 하면 됩니다. 생에 있어 원칙을 기계적으로 적용하기보다는 처한 환경에 맞게 변화를 주며 적용해야 원하는 것을 이룰 수 있습니다. 결국, 모든 생의 해답은 흔들리면서도, 방향이 틀어지면서도 목적지에 가는 것입니다. 흔들리고 넘어지면서 나의 행복을 찾아내는 것이 아름다운 생의 정직한 중용(中庸)이고 가치 있는 생의 반듯한 지혜입니다.

# 목적어의 힘

마지막 한 걸음은 혼자서 가야 합니다

인생이라는 것은 멋진 로드맵을 가지고 출발하더라도 그대로 실천되지는 않습니다. 수없이 로드맵은 바뀌게 되어 있습니다. 살면서 우리는 의도한 인연이든 의도하지 않은 인연이든 수많은 사람을 만나게 됩니다. 매일 일어나는 일상이 마음먹은 대로 움직이지 않고 삶이란 것은 늘 변수가 존재하니까요. 그러니 처음부터 정해진 완벽한 내 길은 없습니다. 다만 로드맵을 만들어서 가면 수시로 방황하지 않고 좀 더 자신감을 가지고 갈 수 있습니다.

또 철저히 계획된 로드맵에 따라 차분히 움직이다 보면 조금 돌아가더라도 내가 간절하게 원하는 길로 가게 되고, 행여 내가 원하는 길에 도착하지 못하더라도 새로운 좋은 길이 열리게 됩니다. 헤르만 헤세는 〈혼자(alone)〉라는 시에서 이렇게 표현했습니다.

*the final step you must walk alone*

마지막 한 걸음은 혼자서 가야 한다

그렇습니다. 생의 첫걸음도 중요하지만 마지막 한 걸음이 어디에
도착하느냐에 따라 더 행복한 사람이 되거나, 덜 행복한 사람이 됩
니다. 마지막 한 걸음에 따라 환하게 웃을 수도 비통해하며 울 수도
있습니다. 원하는 곳, 원하는 사람, 원하는 시간에 정확히 멈추는
사람이 가장 행복한 사람입니다.

누구나 처음 한 걸음, 마지막 한 걸음은 내딛기가 두렵고 용기가
나지 않기 때문에 힘들어합니다. 그러나 두렵고 위험하지만 자신
감을 가지고 첫발을 내딛는 순간, 미지의 세상이 열리면서 내 삶도
시작이 됩니다. 무엇보다도 멈추지 않고 꾸준히 가는 것이 중요합
니다. 처음부터 만들어진 내 길은 없습니다. 내가 주인이라는 확신
을 갖고 걸어가면 나의 길은 만들어집니다. 나의 몸, 내 영혼이 이
끄는 행동에 따라 새로운 내 길이 만들어지니까요.

길을 걸어가야 마지막 한 걸음도 소중해집니다. 가능하다면 웃으
며 가야 합니다. 웃을수록 표정도 밝아지고 삶이 긍정적으로 바뀌
게 됩니다. 많이 화내고 울수록 표정도 일그러지고 걸어가는 길을
의심하며 부정적이게 됩니다. 삶은 매일 일어나는 일상이고 그 일
상에 의미를 부여하며 살아야 행복해집니다. '어떻게 살고 싶다, 어

떤 존재가 되고 싶다'는 희망이 있어야 그토록 바라던 삶의 목적어
는 내 것이 됩니다. 다시 말해서 생활을 하는 현실의 나와 어떤 모
습으로 살고 싶은 미래의 내가 제대로 융합되어야 멋진 내 인생을
만들어가게 됩니다.

생각만 하고 실천을 하지 않거나 분수를 잊고 허황된 것을 따라
움직여서도 안 됩니다. 반드시 내 능력만큼의 목적어를 좇아가야
행복해질 수 있습니다. 마치 퍼즐을 맞추는 것처럼 한 걸음씩 움직
여야 가치 있는 내 인생의 그림이 완성됩니다.

물론 내 발걸음이 모이고 모여 어떤 그림으로 형상화되지만 그
누구도 그림을 완성하고 떠나는 사람은 없습니다. 완성을 하지 않
더라도 생을 마칠 즈음에는 살아온 삶의 조각이 그림으로 형상화
됩니다. 비록 마지막 한두 조각의 퍼즐을 맞추지 않더라도 인생의
퍼즐은 완성된 거나 마찬가지니까요.

# 행복하고 싶으세요?

행복은 연습이고 경험입니다

무슨 일을 하건 누구를 만나건 중요한 건 행복입니다. 그래서 끊임없이 경험을 통해 행복을 배웁니다. 좋아하는 이들과 함께 있을 때는 행복을 많이 느낄 수 있습니다.

그러나 혼자 있을 때 행복해지기는 쉽지 않습니다. 혼자 있어도 행복할 수 있는 '나'를 만들어야 진정한 행복입니다. 그렇게 되려면 하고 싶고 잘할 수 있는 것을 해야 합니다. 그림을 그리든지 소설을 쓰든지 춤을 추든지 노래를 하든지 마음이 이끄는 것을 따라 움직이면 됩니다. 마음이 움직이는 대로 하면 됩니다. 원하는 것을 마음대로 하는 자유는 누구에게나 있습니다.

훌륭한 피아니스트가 건반 위에서 나비가 춤을 추듯 자유로운 손놀림을 하는 것도, 무희가 무대에서 익숙한 동작으로 미친 듯이 춤을 추는 것도 간절한 마음이 시키기 때문입니다. 무엇을 하든 몇 날 며칠을 몇십 년을 해도 즐거운 마음으로 할 수 있으면 됩니다. 원하는 것을 하다 보면 실수하거나 실패하더라도 '피식' 웃으며 "괜찮아 다시 하면 돼"라고 말하게 됩니다. 비록 실패했지만 깨달음이 있어 몇 배의 가치가 있습니다.

실패의 교훈은 반드시 있습니다. 끝까지 해내는 것도 중요하지만 하다가 힘들고 지치면 쉬다가 다시 하는 것도 중요합니다. 일을 제대로 완성하려면 재능과 기량도 중요하지만 시간에 의한 숙성도 필요합니다.

그러나 여러 번 실패하고 더 이상 감당할 수 없을 만큼 지치고 힘들 때에는 깨끗이 포기하는 것도 중요합니다. 끝까지 할 수 없는 이유를 인정하면 그만입니다. 무작정 붙잡고 매달리는 것이 최선이 아닐 때가 있습니다. 안 되는 것을 붙잡고 늘어져 봐야 마음만 다칠 뿐입니다. 내 힘으로 안 되는 일이 있다는 것을 겸허히 받아들여야 합니다. 내 몫이 아니라고 생각하고 내려놓으면 됩니다.

선택에 앞서 좋은지 나쁜지 옳은지 옳지 않은지 미리 아는 사람은 없습니다. 실행에 옮기면서 깨닫게 됩니다. 내가 해낼 수 없을 만큼 버거운 일이라는 것을 깨닫게 되면 아쉽지만 내려놓고 놓아 줌이 최선입니다. 나의 것이 아님을 인정하면 그만입니다.

어떤 순간이 오더라도 자신을 존중하고 사랑해야 합니다. 부족하면 부족한 대로 있으면 있는 그대로 인정하며 스스로를 위로하고 응원하면 됩니다. 조건의 결핍 때문에 나를 미워하거나 학대하지 마세요. 조금씩 노력하면서 고치고 채워나가면 됩니다. 그것이 미성숙의 '나'를 성숙의 '나'로 만드는 길입니다. 아름다운 도전, 그리고 최선의 실천이 아름다운 신화를 만드니까요.

꿈을 이룬 사람은 압니다. 그 순간의 쾌감과 아름다운 풍경이 얼마나 대단한지를. 그래서 실패해도 다시 도전하게 됩니다. 최고로 만족스러운 나, 얼마든지 행복한 나로 만들기 위해서는 가능한 한 원하는 것을 찾아 한계를 뛰어넘어야 합니다. 아름다운 풍경이 반겨줄 때까지 가면 됩니다. 행복은 연습이고 경험입니다.

이룰 수 없는 꿈을 꾸고,
이루어질 수 없는 사랑을 하고,
이길 수 없는 적과 싸움을 하고,
견딜 수 없는 고통을 견디며,
잡을 수 없는 저 하늘의 별을 잡자.
이것이 나의 여정이다.

– 세르반테스 사아베드라,《돈키호테》중

# 한 조각의 행복

가진 것을 최대한 즐기며 부족함 속에서
만족을 더 많이 끌어내는 것이 행복입니다

절대적 풍요, 안정된 삶이 모든 것을 해결해 주지는 않습니다. 사람들은 분수에 넘치는 욕망을 좇아 재산을 모으고 권력을 잡으려 합니다. 많이 갖고 높이 올라도 뭔가 부족함을 느낍니다. 많은 것을 소유한다고 해서 행복한 것이 아니라는 것을 느낄 즈음에는 다시 시작할 수 없을 만큼 너무 멀리 가버렸을 때가 많습니다.

더 많이 소유할수록 자신의 첫 마음에서 멀어집니다. 행복은 돈과 권력으로 성형한 나를 찾는 것이 아니라 처음 태어난 모습, 첫 마음의 순수입니다. 행복의 수단인 돈과 권력을 좇는 사람은 행복과 반대 방향으로 가고 있다는 것을 나중에 알게 됩니다. 돈, 권력이 행복으로 가기 위한 수단임을 일찍 아는 사람은 눈높이에 맞춰 나아갑니다.

가진 것을 최대한 즐기며 부족함 속에서 만족을 더 많이 끌어내는 것이 행복입니다. 행복은 가진 것을 바탕으로 큰 욕심을 내지 않고 만족해하며 느리게 즐기는 것입니다. 걷기도 하고 달리기도 하고 또 한참 쉬면서 눈 안에 들어오는 것, 귀에 들려오는 소리, 입에 닿는 맛을 느끼면 됩니다.

행복의 모범 답안은 삶의 가치관에 따라 다르지만 보편적인 사실은 지극히 평범하고 주변의 사소한 것들에서 행복을 느낀다는 것입니다. 전혀 뜻밖의 사람에게서 받은 생일 선물, 몇 날 며칠을 기도했던 일들이 해결되었을 때, 오랜만에 만난 친구와의 저녁 식사가 행복을 안겨줍니다.

평범한 것에서 최대한으로 행복을 끌어올리는 조건은 쓸데없는 것들을 과감히 버리고 털어내는 것입니다. 여행 갈 때 짐이 많으면 힘들기만 하고 거추장스럽듯이 행복도 복잡한 것을 싫어합니다. 누구나 볼 수 있고 가까이에 있는 사소한 것들이 행복의 요소가 됩니다.


눈높이를 낮추면 모든 게 아름답습니다. 조금만 방향을 바꿔보면 행복이 보이고 들리고 손에 잡힙니다. 내 것이 될 수 없는 것들을 아낌없이 내려놓고 밀어내야 합니다. 상처를 받았을 때는 억지로 괜찮은 척하며 감추거나 숨기지 말고 밖으로 드러내야 합니다. 밝은 세상에 드러내 혼자서 감당하기 어려우면 주변의 도움도 받아가며 상처를 덧나지 않게 치유해야 합니다.

이성적인 '니'와 감정적인 '나'가 하나가 되어야 합니다. 그 상태가 되어야 삶에서 두려움도 사라지고 자신감이 생겨납니다. 나의 마음을 이해하고 용서해야 타인의 마음도 이해하고 용서할 수 있습니다. 스스로를 평가할 때 좋은 점수를 주어야 타인에게 받는 점수도 좋습니다. 자신에게 좋은 평가를 받을 수 있도록 노력하세요. 그것이 바람직한 행복의 모범 답안입니다.

# 힐링의 시간

위안, 별거 아닙니다. 여기, 아니면 저기에 있습니다

"나는 언제 행복했을까? 나는 언제 불행했을까?"

이 질문의 성립 조건은 누구에게나 행복한 순간은 있다는 것입니다. 암 병동에서 시한부 삶을 살아가는 환자도, 최고의 권력을 가진 대통령도 불행했던 순간은 있었습니다. 지금 불행하다고 느낀다면 행복했던 순간을 떠올리며 용기를 가지는 것이 좋습니다. 행복은 마음먹기에 달려 있습니다.

아무리 아름다운 꽃도 내가 시선을 주지 않으면 나에게는 의미가 되지 않고 아무리 아름다운 노래도 내가 듣지 않으면 좋은 노래가 아닙니다. 지금 이 순간 내가 무엇을 보고 어떻게 생각하고 무엇을 느끼는지가 중요합니다. 지금 최악이다, 정말 불행해서 아무것에도 위로를 받지 못한다고 생각되면 종교에 의지해 보세요. 교회나 절, 성당을 찾아가 기도해 보세요. 기도도 마음 수행입니다.

이른 새벽 절에 가보면 마음속의 소망을 촛불에 담아 켜놓고 기도하는 사람이 있습니다. 바라는 것이 없고 고민이 없으면 종교가 무슨 필요가 있겠습니까. 간절한 무엇이 있기 때문에 절을 찾아, 교회를 찾아, 성당을 찾아 기도하는 겁니다. 정말 힘들 때는 오다가다 스님이나 신부님과 마주쳐도 은총이라도 받은 듯 마음이 편안해지기도 합니다.


힘들 때는 나에게 편안함을 주는 은신처도 노력해서 찾아야 합니다. 주변을 둘러보면 지치고 힘들 때, 한없이 초라하게 느껴질 때 나에게 위안이 되는 것들이 있습니다. 그것이 사람이 아니고 자연도 아니면 마지막으로 종교입니다. 위안, 별거 아닙니다. 여기, 아니면 저기에 있습니다.

# 삶의 밭이 푸르렀다

삶과 죽음 빼놓고 보면 내가 선택하지 말아야 할 것은 없습니다

인생의 90%는 리얼리스트로, 8%는 모더니스트로, 2%는 미치광이로 산다고 누군가는 말했습니다. 분명 산다는 것이 내 뜻대로 되지는 않지만 어제 불가능했던 일이 오늘은 가능하게 되고 어제 해결됐다고 좋아했던 일이 오늘은 다시 꼬이게 됩니다. 그래서 인생은 정답도 오답도 없다는 말이 진리가 된 거겠지요. 분명한 것은 비록 세상에 던져진 존재이지만 꼭 필요한 존재이기 때문에 태어났다는 것입니다. 그렇다면 삶과 죽음 빼놓고 보면 내가 선택하지 말아야 할 것은 없습니다.

80~90년의 시간을 축구의 전반전, 후반전으로 나눠본다면 전반전에는 덧셈을 향하여 치열하게 더하면서 삽니다. 일도, 사랑도 그

렇습니다. 누구에게나 단 한 번의 인생입니다. 여러 번 다시 살 수 있디면 누가 뭐라든 맘대로 하고 싶은 대로 살겠지만 한 번의 인생이기 때문에 함부로 살 수가 없습니다. 인간은 완벽하지 않습니다. 모든 일을 신중하게 선택해서 꼼꼼하게 실천해도 완벽하지 않기 때문에 후회는 남습니다. 그러니까 행복의 조건이 되는 일, 사랑, 돈, 명예를 은행에 저축하듯 차근차근 쌓아가야 합니다. 인생의 전반기인 50세 이전까지는 무조건 적립을 해야 합니다.

물론 살다 보면 어쩔 수 없이 빠져나가는 것들이 있지만 오로지 저축을 목적으로 살아야 합니다. 하는 일에 미쳐야 스티브 잡스가 될 수 있고 베르테르처럼 한 여인에게 목숨을 걸며 사랑을 해봐야 사랑이 무엇인지를 알게 됩니다. 한번쯤은 누군가를 위해 정의롭게 살아야 합니다. 간절함으로 살아야 합니다. 무엇이든 치열함과 간절함 앞에서는 무릎을 꿇습니다.

삶의 모든 조각은 눈 깜짝할 사이에 사라집니다. 지금 내가 몇 살인지는 중요하지 않습니다. 지금, 여기, 좋은 사람들과 함께 머문다는 것만으로도 선택받은 사람이니까요. 이 순간은 누군가에게는 그토록 기다리고 머물고 싶었던 순간이기도 합니다. 떠나고 나서 그때를 그리워하며 후회하지 말고 내 앞에 멈춘 것에 정성을 다하면 됩니다. 오르려고 작정하면 반드시 오르게 됩니다. 정성껏 살아

내면 훗날 '삶은 빛나고 내 삶의 밭은 푸르렀다'고 말할 수 있습니다.

◆　◆　◆

*The three saddest things in life.*
*I could've done it… I should've done it… I had to…*

인생에서 가장 슬픈 세 가지는

할 수도 있었는데… 했어야 했는데… 해야만 했는데…

– 루이스 E. 분

# 삶에 대한 예의

이 순간의 선택이 내일을 결정합니다

삶은 참 신기합니다. 가장 절망적일 때 강해지고 도전할 용기가 생깁니다. 가장 절망적이지만 죽을힘을 다해 이겨낼 때 희망이 찾아옵니다. 불행하다고 느낄 때에는 내 주변에는 '왜 이렇게 나를 힘들게 하는 사람들이 많을까' 하며 서운한 생각을 하게 됩니다. 내가 행복하다고 느낄 때에는 '왜 이렇게 좋은 사람들이 많을까' 하며 기분 좋은 생각을 합니다.

나에게 좋은 일들이 일어날 때에는 주변을 향해, 세상을 향해 감사하는 마음이 생깁니다. 그러나 좋지 않은 일들이 일어나면 가까운 사람을 원망하고 비난의 화살을 쏩니다. 사실 따지고 보면 행복해지고 불행해지고는 나의 책임이 99%이고 나머지 1%가 주변의 탓인데 밀입니다. 그걸 인정하는 사람이 많지 않습니다. 물도 1도가 부족하면 팔팔 끓지 않습니다. 행복도 1%가 부족하면 완전한 풍요를 느낄 수가 없습니다. 행복해지고 불행해지는 것도 마음먹기, 행동하기에 달려 있습니다. 첫 단추를 제대로 끼워야 마지막 단추가 반듯하게 채워지듯, 오늘이 중요합니다. 이 순간의 선택이 내일을 결정합니다.

어떤 선택을 하더라도 하루아침에 내가 바라는 세상으로 바뀌지는 않습니다. 무엇이든 할 수 있다고 확신하면 하게 될 것이고 할 수 없다고 생각하면 하지 못할 것입니다. 꾸준히 돌탑을 쌓아 올리듯 1년, 5년 단위로 계획을 세워 정성을 다하면 어느 순간 좋은 날을 만나게 됩니다. 과거도 불행했고 현재도 불행하고 내일도 불행할 예정이라면 그건 정말 내 책임입니다.

인생에서 가장 중요한 건 내가 행복한 겁니다. 내가 행복해야 남을 돕게 되고 함께 나누는 마음을 가질 수 있습니다. 인생에서 멋진 용기란 두려움이 없는 것이 아니라, 두려움을 뛰어넘어 새로운 것을 창조하는 겁니다. 어느 것이 옳은 선택이고 멋진 결정인지 처음부터 아는 사람은 없습니다. 다만 진중하게 결정했으면 최선을 다해 노력해야 하고 결과도 겸허히 받아들여야 합니다. 선택한 것에 정성을 다하는 것이 삶을 성실히 사는 예의고 후회를 적게 남기는 일입니다.

# 나를 사랑하는 힘

무엇을 하든 자신을 사랑해야죠

어떤 세상이 나에게 행복을 줄 수 있을까요? 어떤 조건이 충족되면 나는 행복할까요?

누구나 원하는 것을 얻으면 행복할 수 있다고 생각합니다. 그러나 반드시 그런 것만은 아닙니다. 원하는 것을 얻게 되면 또 다른 무언가를 원하게 되니까요. 욕망은 끝이 없습니다. 사람들은 "돈이 많으면 행복할 것 같다", "좀 더 예뻐지면 행복할 것 같다", "건강하면 행복할 것 같다", "승진을 하면 행복할 것 같다"고 말합니다. 우리가 원하고 바라는 조건은 끝이 없습니다. 하나를 이루면 다른 것들이 이정표처럼 줄지어 서 있으니까요.

시시각각 자신이 서 있는 곳에서 우리는 많은 것을 원하고 있습니다. 일찍이 인도의 마하트마 간디는 "세상에 있는 모든 돈은 우리가 사용할 양으로는 충분하지만 우리의 욕망을 채우기에는 부족하다"고 했습니다. 물질과 환경, 조건 같은 것들은 나를 채워주는 도구이지 행복 자체는 아닙니다. 그럼에도 우리는 돈이나 권력같이 외부에서 얻는 것을 행복으로 쉽게 이해하면서도 내 안에 있는 것을 찾아 감사하는 진정한 행복은 낯설어합니다.

한번쯤 어려움에 처한 사람을 도와본 경험이 있을 것입니다. 가족이든, 지인이든, 친구든 동료든 그게 아니면 낯선 타인이든 살면서 한번쯤 도움을 주기도 하고 받기도 합니다. 어려움을 해결해 준다면 그 사람 역시 나 아닌 누군가에게 도움을 줍니다. 베풂도 전염이 되니까요.

누군가에게 도움을 주면 상대는 물론 나의 기분도 좋아지고 만족감을 느끼게 됩니다. 사람은 스스로 노력해서 원하는 것을 얻을 때 행복감을 느끼기도 하지만 남을 돕거나 함께 어떤 일을 하면서 또 다른 만족감을 느낍니다. 결과가 좋든 그렇지 않든 함께하는 과정이 즐겁다면 행복한 것이고 또 다른 인간관계를 새롭게 맺으며 소통의 진화를 하며 거듭나게 됩니다. 그러나 함께하는 사람들과의 관계가 좋지 못하면 새로운 인연을 맺으며 인간관계를 확대해 나가는 것을 꺼리게 됩니다.

그러나 도움을 주는 입장이 되거나 봉사의 주체가 되면 마음이 넉넉해집니다. 내가 싫은 것은 남도 싫다는 생각을 갖기에 도움을 줄 때나 봉사를 할 때에는 희생을 감수하며 도움을 주게 됩니다. 만족, 행복이라는 것은 때로는 희생을 요구합니다. 남을 돕는 행위 자체는 희생이 없으면 이루어지지 않습니다. 또 대가를 바라며 하는 도움은 도움이 아닙니다. 도움을 주게 되면 구체적인 보상이 없어도 뿌듯한 마음이 듭니다. 사람은 누군가를 도울 때 더 깊은 만족감을 느끼기 때문입니다.

세상에서 가장 소중한 존재는 누구일까요? 물론 자신입니다. 자신이 행복해야 누군가를 행복하게 해줄 수가 있습니다. 내가 행복해지기 위해서는 나를 믿고 사랑하고 응원해야 합니다. 가장 먼저 나의 아픈 곳, 나의 슬픈 일, 나를 힘들게 하는 것들을 찾아내어 치유해야 누군가를 도울 힘이 생깁니다. 다시 말해 행복의 첫 번째 조건은 세상에 하나밖에 없는 자신을 가장 사랑하고 응원하는 것입니다.

예를 들어 지금 진급에 실패했다면 "괜찮아, 열심히 하면 다음에는 꼭 될 거야" 하고 자신을 위로해야 합니다. "에이, 이게 뭐야, 열심히 했는데 이러니 난 안 돼" 하며 좌절하거나 포기해서는 안 됩니다. 좌절도 포기노 한 번은 괜찮습니다. 반복이 되면 습관이 되고 습관이 되면 도전 자체를 하지 않게 됩니다.

무엇을 하든 자신을 사랑해야죠. 자신의 얼굴을 보며 가장 맘에 드는 곳을 찾아 수시로 칭찬해야죠. "아, 나는 코가 잘생겼어, 멋져" 라고. 그러다 보면 잘생기지 않은 외모도 괜찮아 보일 테니까요. 외모 콤플렉스도 당당한 자신감으로 밀어내야죠. 보여주기 위한 행동은 행복과 멀어질 뿐입니다. 남에게 잘 보이고 싶은 내가 아니라 나 자신에게 가장 떳떳하고 당당하고 사랑하는 내가 되어야 행복하니까요.

세상에서 가장 존귀한 존재인 내가 진정 원하는 것이 무엇인지 정확히 파악하고 그것을 이루기 위해 나에게 확신을 갖고 용기를 불어넣어 주어야 합니다. 나를 도울 수 있는 최고의 사람, 나를 완성시키는 든든한 사람도 결국은 나 자신이니까요. 왜? 나의 보호자는 자신이기 때문입니다.

일곱 번을 쓰러져도 다시 일어나 "잘할 수 있어, 열심히 하자, 나 참 대단해 이렇게 노력하다니, 역시 내가 최고야!" 하며 끊임없이 사랑하며 용기를 주어야 합니다. 자신이 원하는 일을 찾아 열심히 할 수 있도록 자신을 도와야 합니다. 스스로를 귀하게 여겨야 타인에게도 귀한 대접을 받습니다. 나에게도 타인에게도 귀하게 대접받으며 사는 것이 누구나 꿈꾸는 최고의 행복이 아닐까요.

*The supreme happiness in*
*life is the conviction that we are loved.*

인생에서 최고의 행복은 우리가
사랑받고 있다는 확신이다.

– 빅토르 위고

# PART 3

# 길은 어디에나 있고
# 누구나 갈 수 있다

끝은 또 새로운 시작이 됩니다. 탄생이 있으면 죽음이 있듯이
처음이 있으면 마지막이 있습니다. 행복과 불행, 기쁨과 슬픔,
만남과 이별을 함께하며 마음으로 껴안아야 아름다운 인생이 됩니다.
행여, 불행이 거듭되더라도 힘든 인생에 맞서 싸워야 행복이 찾아옵니다.

# 나이가 들면

영혼을 지닌 것들은 완벽할 수가 없습니다

나이가 들어야 알게 되는 것이 있습니다. 삶의 목적이 돈과 지위가 아니라는 것도 다양한 경험을 해봐야 압니다. 돈과 지위가 삶의 전부가 아니라는 것을 알게 되면 어른이 된 것입니다. 어른이 되면 노력해도 안 되는 일이 세상에는 많이 존재하고, 돈과 권력이 성공을 안겨준다고 반드시 행복한 건 아니라는 것도 깨닫습니다. 때로는 아이 먹일 분유를 살 돈이 없어 슈퍼에서 분유를 훔친 엄마를 보고서도 행위는 잘못이지만 '그래, 그럴 수도 있겠구나'라며 안타까운 마음으로 동정을 합니다. 원칙을 고수하면서도 예외를 두게 되는 인간적인 마음을 갖습니다.

살다 보면 '되고 안 되고'의 법칙이 계산기처럼 정확히 맞아떨어지지 않을 때가 많습니다. 학창 시절에 1+1=2라고 배웠지만 사회에 나가면 1+1=2가 되고 3이 되고 0도 된다는 것을 실감합니다. 사람 사는 세상이 법과 원칙에 의해 돌아가지 않음을 느끼게 됩니다. 나이가 적당히 들어야 진정으로 소중한 것이 무엇인지 알게 됩니다.

그리고 삶의 방향이 조금씩 '완벽'에서 '여백'으로, '빠름'에서 '느림'으로, '채움'에서 '비움'으로 바뀝니다. 어느 순간 인간적인 삶을 선택하게 됩니다. 물론 완벽하려고 노력해도 완벽할 수 없는 게 인간이지만요. 고대 이란에서는 아름다운 문양으로 섬세하게 짠 양탄자에 일부러 흠을 하나 남겨놓았습니다. 그것을 '페르시아의 흠'이라 부릅니다. 또 인디언들은 구슬로 목걸이를 만들 때 살짝 깨진 구슬을 하나 꿰어 넣었습니다. 그것을 '영혼의 구슬'이라고 불렀습니다. 이처럼 영혼을 지닌 것들은 완벽할 수가 없습니다. 약간의 결핍이 있어야 더 인간적이고 가까이 가기도 쉬우니까요. 마찬가지로 그 어떤 성공한 사람도 삶의 굴곡은 있습니다. 오르막과 내리막 그리고 추락까지를 겪어내야 치열하게 살았다고 할 수 있으니까요.

삶의 캔버스에 실패의 흔적이 한두 군데 있다고 불행한 삶이라고 단정 짓지 마세요. 끝이 좋으면 실패했던 그 순간이 더 아름답게 빛납니다. 실패가 성공의 바탕이었음을 깨닫게 됩니다. 그래서 내가 꿈꾸었던 삶보다 훨씬 더 멋진 삶을 살았다는 것을 깨닫게 됩니다.

# 자존감의 힘

아모르파티!

누군가 음악은 세 번 태어난다고 했습니다. 쇼팽이 작곡했을 때 처음으로 태어나고, 번스타인의 지휘했을 때 다시 태어나고, 내가 들었을 때 아름다운 음악의 가치가 인정된다 했습니다. 이것은 무슨 의미일까요? 무엇을 하든 자존감을 가져야 합니다. 그래야 시작은 힘들어도 과정이 즐겁고 끝이 아름답습니다. 자존감이 강하면 길거리에서 토스트를 구워도 행복하고, 자존감이 약하면 수백억을 벌어도 불행할 수 있습니다.

'아모르파티(Amor fati)', 네 운명을 사랑하라는 말인데 자신의 운명을 사랑하는 사람과 사랑하지 않는 사람의 가치는 극과 극일 수밖에 없습니다. 성공은 타고난 재능과 노력, 의지, 자신감, 확신, 시대적 환경이 합쳐진 결과물입니다. 무엇 하나가 부족해도 성공할 수 없습니다.

영화 〈죽은 시인의 사회〉에서 키팅 선생이 학생들에게 외칩니다. "순간을 잡아라, 현재를 즐겨라(Seize the Moment, Carpe diem)." 무엇을 하든 내 앞에 멈춘 것들을 사랑하며 나의 길을 찾아가야 합니다. 세상에는 다양한 사람이 삽니다. '그릇'이 큰 사람이 있고 작은 사람이 있습니다. 인정하고 싶지 않겠지만 어떤 부모에게서 태어나느냐 어떤 환경에서 자라느냐에 따라 삶은 달라집니다. 그럼에도 현실을 받아들이며 아모르파티, 내 인생을 사랑하며 즐겁게 살아야 합니다. 즐거움은 명예, 돈에 큰 영향을 받지 않습니다. 삶의 본질은 행복이고 진정한 행복은 누구처럼이 아니라 나 자신이 되는 것(Be yourself), 나답게 사는 것입니다.

# 외롭고 고독한 승부

긍정적인 생각과 노력만이 어려움을 극복할 수 있습니다

삶에는 양면성이 존재합니다. 하늘을 향해 끝없이 올라가는 말풍선처럼 누구의 시선을 살피며 허허 웃으며 위선을 떠는 '나'와 투명유리 지갑을 생각하며 악착같이 힘든 생활을 견뎌내는 '나'가 존재합니다. 그러면서 현실의 '나'와 내 안의 '나'는 서로 싸우면서 타협을 하게 됩니다. 오늘은 현실의 '나'가 이기기도 하고 내일은 내 안의 '나'가 이기기도 하면서 웃고 웁니다.

어떤 인생이든 허영과 위선이 전혀 없이 살아가는 사람은 없습니다. 다만 지나치면 그것이 파멸로 이끕니다. 지나치지 않고 부족하지 않게 잘 조절하며 살아야 평화롭습니다. 아무리 실수가 많아 못마땅하더라도 용기를 주며 자신감을 불어넣어야 합니다. 있는 그대로의 나를 사랑하며 긍정적으로 살아가도록 도와야 합니다.

어떻게 해서든 억지로 삶을 따라가서는 안 됩니다. 반드시 삶이 나를 따라오게 이끌어야 합니다.

인생이라는 것은 한 걸음 옮긴 내 발걸음이 모여 길을 여는 것입니다. 화가가 한 폭의 그림을 그리듯이 시인이 행간을 넘나들며 시를 채우듯이 그려가며 써가며 완성하는 것이 인생입니다. 수많은 체험을 하며 끊임없이 바라고 노력했음에도 2%가 부족한 미완성 작품이 인생입니다. 책장 속에 꽂혀 있는 오래된 책처럼 언젠가는 내 인생도 한 권의 역사가 되어 추억의 책장 속으로 들어갑니다.

지금 내가 하는 일은 나에게는 시작일지 모르나 그 누군가에는 끝이 되기도 합니다. 내가 얼마나 빨리 그 일을 시작했느냐가 중요한 것이 아니라 얼마나 정확히 그리고 충실하게 그 일을 마쳤느냐가 중요합니다. 아무리 일찍 시작했어도 도중에 포기하면 가치가 없습니다. 어떤 일을 하든 시작이 조금 늦었다고 해서 초조하게 생각하지 마세요. 온실에서 너무 일찍 피어버린 봄꽃은 향기가 진하지 않듯이 느리게 일이 진행되더라도 중간에 점검하면서 꾸준히 나아가는 것이 중요합니다.


끝은 또 새로운 시작이 됩니다. 탄생이 있으면 죽음이 있듯이 처음이 있으면 마지막이 있습니다. 행복과 불행, 기쁨과 슬픔, 만남과 이별을 함께하며 마음으로 껴안아야 아름다운 인생이 됩니다. 행여, 불행이 거듭되더라도 힘든 인생에 맞서 싸워야 행복이 찾아옵니다. 열심히 살다 보면 빨간 신호등만 켜져 있던 불행한 삶도 어느 덧 파란 신호등으로 바뀌어 행복을 만납니다. 긍정적인 생각과 노력만이 어려움을 극복할 수 있습니다.

그 누구도 좋은 것만을 선택할 수는 없습니다. 누구의 삶이든 하고 싶은 것과 하기 싫은 것은 '뫼비우스의 띠'처럼 연결되어 있습니다. 오늘은 하고 싶은 일을 해도 내일은 하기 싫은 일을 해야 합니다. 그것들은 정지되지 않고 영화 필름처럼 순간이 이어져 있습니다. 그것들을 수없이 반복하며 지나가야 인생은 목적지에 도착합니다.

시인 프로스트는 인생에는 두 갈래 길이 있다고, 두 길을 다 가지 못하는 것이 인생이라 했습니다. 누구의 인생이든 빈손으로 왔다가 빈손으로 갑니다. 하나의 원을 그리며 출발한 곳으로 되돌아가야 합니다. 양손에 두 개를 다 가질 수 없는 운명을 타고 태어난 존재, 하나를 얻으면 하나를 잃는 것이 인생이니까요.

결국 삶이란 외롭고 고독한 승부지만 나를 다스리며 주어진 현실에 최선을 다해 산다면 머지않아 그토록 찾던 나의 길과 멋진 해후를 하게 됩니다. 현실이 뜻대로 되지 않는다 해도 머지않아 아름다운 영광을 맞이하리란 희망이 있기에 멋진 승부를 걸며 최선을 다해 살아갑니다.

10년쯤 지나면, 내가 지금 한 일보다는 하지 못한 일들 때문에 후회하게 되는지도 모릅니다. 그러니까 10년쯤 지나 이 순간을 기억하며 후회하지 않기 위해서는 몸을 던져야 합니다. 비바람이 몰아치더라도 맞서서 걷고 또 걸어야 합니다. 세상을 탐험하고, 꿈꾸고, 발견해야 합니다. 마지막 한 걸음을 내려놓으며 웃으려면 지금 이 순간 정성을 다해야 합니다.

◆　◆　◆

*Every moment is a fresh beginning.*
매 순간이 항상 새로운 시작이다.

– T.S. 엘리엇

# 그림은 완성

생은 한 장의 그림입니다

생은 한 장의 그림입니다. 삶의 조각이 차곡차곡 쌓여야 생의 그림은 완성이 됩니다. 생의 그림은 여러 가지 색깔, 모양을 가지고 있습니다. 생의 시작은 백지 한 장, 붓, 물감입니다.

생의 그림은 스스로 그려나가야 합니다. 그림을 어떻게 그리라고 조언할 수는 있어도 대신 그려줄 수는 없습니다. 흰 백지 위에 꿈을 꾸듯 파란색을 시작으로 노란색, 연두색, 핑크색으로 색칠을 합니다. 때로는 실수든 아니든 악마의 덫에 걸려서든 오래도록 검은색으로 칠할 때도 있습니다.

그 누구도 살면서 한 가지 색으로만 그림을 그릴 수는 없습니다. 또 우리가 알고 있는, 이름의 색과 이름조차 없는 수많은 색이 어울려 그림이 됩니다. 그림을 그리면서 흐뭇하게 미소 짓는 순간도 있고 그려놓고도 후회하는 때가 있습니다. 또 아무리 노력해도 그림이 그려지지 않을 때도 있습니다. 그럴 때에는 잠시 붓을 놓고 쉬어야 합니다. 마음의 평정을 찾으면 다시 그릴 수가 있습니다.

그림을 제대로 그리지 못하는 최악의 순간도 찾아옵니다. 이십 대에 찾아오는 사람도 있고, 중년에 맞이하는 사람도 있지만 언제 올지 아무도 모릅니다. 사업 실패, 부도, 실직뿐 아니라 불의의 교통사고, 질병으로도 최악을 만납니다. 늘 준비하고 경계하며 마음의 중심을 잃지 않아야 합니다.

누구나 죽음은 진실로 받아들이는 것처럼 최악의 상황이 찾아올 거라는 것도 진실로 받아들이면 됩니다. 최고의 순간이 있는 만큼 최악의 순간도 있어야 생은 공평한 것이 됩니다. 살다 보면 물음표를 갖게 됩니다. "신이 만들어놓은 프로그램, 신의 암호에 의해 행동하지 않을까?" 하고. 특히 아무리 애써봐도 점점 더 일이 꼬이기만 할 때, 그래서 더 두렵고 지쳐 다 포기하고 싶을 때에는 그런 생각을 하게 됩니다.

그런 때가 오면 그림이 그려지지 않습니다. 성공과 실패, 만족과 불만족, 기쁨, 슬픔, 좌절, 분노에 따라 색깔과 결이 달라집니다. 그러나 손을 다쳐 붓을 들 수 없는 상황이 찾아오더라도 힘들겠지만 발로, 입으로도 그림을 그리겠다는 불굴의 의지가 있어야 하고, 돈이 없어 붓을 살 수 없는 상황이 오더라도 억새풀이나 댓잎을 꺾어 그림을 그릴 수 있다는 지혜로운 생각을 해야 합니다.

노력 없이 저절로 이루어지는 것은 아무것도 없습니다. 내 현실을 있는 그대로 끌어안으며 지혜를 모아야 합니다. 어떤 고난이 찾아와도 포기하지 않고 진실하게, 열정적으로 그림을 그려나갈 때 세상, 주변 사람, 심지어 신도 든든한 내 편이 됩니다.

힘든 과정을 이겨내야 최고의 성취감을 안게 됩니다. 성취감을 맛보는 순간, 행복을 느끼게 되니까요. 생의 행복은 특정한 순간에 만나는 것이 아니라 그림을 그려가는 과정에서 만나게 되는 우연입니다. 추억의 게임, '라그나로크'의 OST, 〈테마 오브 프론테라(Theme of Prontera)〉의 가사에 이런 말이 나옵니다.


그때로 돌아가고 싶지만
너무 늦어버린 걸까.
새처럼 멀리 날아간 날부터
세상은 내게 텅 빈 보석상자 같아.
이제는 다시 볼 수 없지만
자꾸만 열어보곤 하지.


그렇습니다. 먼 훗날, 종착역에 도착할 즈음, 내가 그린 그림을 보며 "그때로 돌아가고 싶지만… 다시 볼 수 없지만… 세상은 내게 텅 빈 보석상자 같아…"라고 되뇌면서 후회하지 말아야 합니다. 당당히 명화처럼 벽에 걸어두고 흐뭇한 미소를 지으며 말할 수 있어야 합니다. "그래, 난 참 멋진 삶을 살았어"라고.

인도의 평화 운동가인 마하트마 간디는 생에 대해 다음과 같이 말했습니다.

*Your faith becomes your thought.*

*Your idea makes sense.*

*Your words become your actions.*

*Your actions become your habits.*

*Your habits become your worth.*

*Your worth becomes your destiny.*

네 믿음은 네 생각이 된다.

네 생각은 네 말이 된다.

네 말은 네 행동이 된다.

네 행동은 네 습관이 된다.

네 습관은 네 가치가 된다.

네 가치는 네 운명이 된다.

운명은 움직이고 바뀝니다. 아무리 나쁜 운명을 타고났어도 노력하면 조금씩 좋은 운명으로 바뀌게 됩니다. 하루아침에 변하지는 않습니다. 꾸준히 노력하면 조금씩 바뀝니다. 또 생은 100미터 달리기가 아닙니다. 42.195킬로미터를 달려야 하는 장거리 경주입니다.

인내심으로 단련된 우직한 낙타가 사막을 건너는 것처럼 처음부터 끝까지 믿음을 갖고 끈기 있게 가야 합니다. 출발점을 먼저 지났다고 해서, 반환점을 먼저 돌았다고 해서 승리자가 되는 것이 아닙니다. 결승점에 정확하게 반칙하지 않고 가장 먼저 들어오는 사람이 승리자가 됩니다. 천천히 여유를 갖고, 때로는 진득이 인내심을 갖고 기다리는 지혜도 필요합니다. 부자여서 꼭 행복한 것도 아니고 가난해서 반드시 불행한 것도 아닙니다. 행복은 마음의 상태입니다.

생은 길과 길 사이로 흐르는 물입니다. 사람마다 삶의 목적이 다르기에 마주하는 이정표도 다릅니다. 길가에 피어난 꽃을 바라보며 웃으며 가기도 하고, 때로는 길 위의 장애물을 보며 힘들어도 넘어가야 합니다. 걷고 또 걸어가며 수많은 갈림길을 만나 고민도 하며 쉬어가기도 해야 합니다.

인생은 나와의 전쟁입니다. 나를 이기는 사람만이 기적을 만나게 됩니다. 반듯한 생각과 용기 있는 행동으로 움직이며 변화해야 합니다. 힘든 순간이 오더라도 자신을 잃지 않고 올바로 지켜내려는 의지가 있으면 영혼과 육체는 하나가 됩니다. 가장 중요한 것은 확신과, 사랑과 굳은 의지입니다. 이 세 가지를 조화롭게 사용해야 내가 바라는 멋진 생의 그림이 완성됩니다.

무지개가 뜨길 바란다면 비쯤은 견뎌야 한다.

– 돌리 파튼

# 감동의 욕구

도대체 행복이란 무엇이냐고 묻게 됩니다

누구나 자신의 삶을 책으로 써 내려가는 작가입니다. 그런데 누가 "왜 사느냐"고 물을 때 그냥 말없이 씩 웃어서는 안 됩니다. 답할 수 있는 분명한 목적이 있어야 합니다. 하다못해 돈을 위해, 자식을 위해, 사랑을 위해, 맛있는 것을 먹기 위해 산다고 말해야 합니다. 삶의 목적은 행복입니다. 불행해지기 위해 사는 사람은 없으니까요.

그럼 또 묻게 됩니다. 도대체 행복이란 무엇이냐고. 행복을 느끼는 구체적인 경우는 각자 다르겠지만, 행복할 때 반드시 나타나는 신체 반응이 있습니다. 웃음과 함께 찾아오는 전율, 바로 감동입니다. 열심히 돈을 모아 여행을 가는 이유도 감동을 만나기 위해서입니다. 밀리는 고속도로를 뚫고 바다로 향하는 이유도 단지 바다를 보기 위해서가 아닙니다. 바다가 보이면 모두들 한결같이 "와" 하고 감탄사를 터뜨립니다. 즉 감탄하고 감동을 받아 만족을 느끼기 위해 좋은 곳을 찾아 떠나는 것입니다.

인간이 가진 가장 아름답고 가치 있는 욕구는 '감동의 욕구'입니다. 물질문명이 나날이 발전하는 이유도 인간만이 가진 '감동의 욕구'를 채우기 위해서입니다. 노래를 부르고 악기를 연주하고 글을 쓰고 그림을 그리는 이유도 부족한 '감동'을 채우기 위해서입니다. 호기심 역시 '감동'의 욕구가 바탕이 됩니다.

행복의 가치는 새로운 것을 찾아내어 끝없이 감동하며 진화하는 것입니다. 현재 내가 '행복한가, 행복하지 않은가'를 확인해 보는 방법이 있습니다. 적어도 일주일에 한두 번은 무엇을 보고 듣고 맛보고 느낄 때 웃음소리와 감탄사가 터져 나와야 합니다. 그래야 적어도 사람답게 행복하게 살고 있다는 것이니까요. 감탄한 기억이 없다면, 미안하지만 먹고는 살았지만 제대로 사람답게 산 게 아닙니다.

이제부터라도 사람답게 행복하게 살고 싶다면 사진 전시회, 음악회, 미술 전시회를 가면 됩니다. 허기진 감성을 채워야 합니다. 연극도 보고 영화도 보면 좋습니다. 책방에 가서 한 시간이라도 책을 읽으면 됩니다. 몸과 영혼에 자극을 주어야 합니다. 그래야 잃었던 감수성을 찾습니다. 웃음도 찾게 됩니다. 사는 목적이 다시 분명해집니다.

# 나의 버킷리스트

삶의 길이는 한정되어 있습니다

너도 나도 죽기 전에 이것만은 하고 죽어야 한다는 버킷리스트 (Bucket list)라는 게 있습니다. 청춘이라면 위시리스트(Wish list)를 더 많이 생각할 것이고 나이가 들었다면 버킷리스트에 눈이 갈 것입니다. 그러나 위시리스트든 버킷리스트든 소중하지 않은 것은 없습니다. 무엇이든 그것도 처한 현실에 따라 달라지니까요.

누구나 건강하게 살면서 먹고 싶고 갖고 싶은 것, 가고 싶은 여행지를 사랑하는 사람들과 나누기를 갈망합니다. 그러나 죽을 때까지 먹고살기 위해 일을 해야 하는 절박한 환경에 있다면 버킷리스트도 사치가 될 수 있습니다. 화가 고흐는 권총으로 자살하기 직전에 결핍 속에서 처절하게 몸부림쳐 온 자신의 생을 마지막 그림 〈밀밭 위의 까마귀〉에 담아 세상에 던졌습니다. 아마도 그것이 그에게는 마지막 버킷리스트가 아니었을까 하는 생각을 하게 됩니다.

주변을 돌아보면 모든 것이 넉넉해 목적을 가지고 스케줄에 따라 일상생활을 누리며 사는 이가 있는 반면에 모든 것이 결핍투성이어서 그저 습관적으로 몸이 기억하는 일을 기계처럼 하며 사는 이도 많습니다. 매일 출퇴근을 하며 먹고사는 소시민, 하루 벌어 끼니를 이어가는 일용직 노동자에게는 버킷리스트는 남의 이야기입니다. 오늘 하루를 힘들게 버티며 죽지 못해 살아가는 사람들은 전쟁 같은 일상을 하루하루 문신처럼 아프게 새겨가며 버팁니다. 그러니 '버킷리스트'는 누구에게는 화이트코미디가 되고 누구에게는 블랙코미디가 됩니다.

작가로 밥을 먹고 살아가는 나 역시 서른 중반에 생의 갈림길을 만나 셰익스피어의 "사느냐 죽느냐 그것이 문제로다(To be or not to be. That is the question)"를 고민하며 오래도록 햄릿 증후군에 시달린 적이 있습니다.

"살아 있을 것인가, 죽어 없어질 것인가"를 살면서 누구나 한번쯤 고민하게 됩니다. 봄이면 흐드러지게 피어 있는 벚꽃, 가을이면 발갛게 물든 단풍이 아름답다는 것을 알지만 그 아름다움을 누리고 나면 그 뒤에 올 충격적인 결핍이 두려워 외면하게 됩니다. 아니, 솔직히 말하면 미래가 불안하고 불투명하기에 누리는 즐거움을 미래의 소망으로 미루게 됩니다. 그보다 "나는 어디서 와서 어디로 가야 하는지"를 알기 위해서 생의 나침반을 찾는 것에 올인하게 됩니다.

푸시킨은 "마음은 미래에 살고 현재는 언제나 슬픈 것, 모든 것은 순식간에 지나가고 지나간 것은 또다시 그리움이 되나니"라고 했습니다. 또 독일의 작가 헤르만 헤세는 인생이라는 것은 "말로도 갈 수 있고, 차로도 갈 수 있고, 둘이서 갈 수 있고, 셋이서 갈 수도 있다! 그러나 마지막 한 걸음은 혼자 가야 한다"고 했습니다.

아무리 불안하고 두려운 현실이라도 용기를 내어 현실이라는 불안의 늪을 건너야 합니다. 건너편에는 반드시 내가 찾는 희망이 존재합니다. 누군가 나에게 '버킷리스트'가 무엇이냐고 묻는다면 이제는 정확히 말할 수가 있습니다. 바늘처럼 따끔거리는 세찬 물살을 온몸으로 느껴가며 한발 두발 걸어서 강을 건너는 것입니다. 강을 건너야 내가 그토록 바라던 강 건너편에 있는 꿈의 정원에 도착할 테니까요. 그곳에 도착하면 비록 고흐의 〈해바라기〉, 베토벤의 〈운명〉, 박경리의 《토지》처럼 내 이름, 내 작품이 모두가 기억하는 보통명사가 되지는 않더라도 나를 기억하는 많은 독자가 나를 대표하는 작품을 말하게 될 테니까요. 어떤 것이든 추구하는 것과 현실 사이에는 엄청난 차이가 있을 테지만 그럼에도 마지막 버킷리스트를 위해 살아야 합니다.

"가장 높이 니는 새가 가장 멀리 본다"는 리처드 바크의 말처럼 아무리 힘들어도 희망을 가지고 확신을 가지고 도전해야 합니다. 어떤 위험이 닥치더라도 멈추지 않아야 합니다. 시간은 흘러가는 것이고 시간이 흐르면 눈물과 고통은 떠나가게 되어 있으니까요. 현재의 고통은 시간의 그림자일 뿐입니다. 견디면 이긴다는 말에 확신을 가져야 합니다. 도전하는 사람에게는 약하고 망설이는 사람에게는 강한 것이 운명입니다. 내 운명은 내가 만드는 것입니다.

주어진 시간은 누구에게나 공평하게 24시간입니다. 어떻게 사용하느냐에 따라 부족하기도 하고 남아돌기도 합니다. 부족한 시간도 쪼개가며 혼신을 다해 열심히 살며 좋은 결실을 맺는 사람이 있는가 하면 심심풀이로 시간을 때우며 무료하게 시간 죽이기를 하는 사람도 있습니다. 누구에게나 삶의 길이는 이미 예정되어 있습니다. 무엇이든 수월하게 지나가기도 하고 때로는 시련을 이겨내야 할 때도 있습니다. 고통이 반드시 나쁜 것만은 아닙니다. 고통이 깊고 길수록 사람은 더없이 겸손해집니다.

그리스의 시인 호메로스는 《오디세이》에서 이렇게 말했습니다. "온실 속에서는 큰 나무가 자랄 수 없고, 무거운 짐을 진 소가 깊은 발자국을 남긴다." 삶의 길이는 한정되어 있습니다. 그러나 삶의 깊이는 사람마다 다르고 끝이 없습니다.

그리스 철학자 헤라클레이토스는 "사람의 성격이 운명을 만든다, 같은 강물에 발을 두 번 담글 수 없다"고 말했습니다. 내 앞의 강물은 그저 똑같은 것으로 보이지만 사실은 지나가고 있고 다른 물이 그곳을 채웁니다. 다시 말해 흐르는 강물도 끊임없이 변화를 주며 흘러간다는 것입니다.

그러니 나만이 옳다고 고집하고 변화하기를 거부한다면 우물 안 개구리로 살아야 합니다. 내가 꿈꾸는 욕망도 하늘에 둥둥 떠다니는 뭉게구름처럼 잡을 수가 없습니다. 직접 사람과, 일과 맞닥뜨리지 않으면 소소한 '무엇'은 얻게 될지라도 아무나 범접할 수 없는 최고의 '무엇'은 가질 수가 없습니다.

간절한 것을 내 것으로 만들기 위해서는 스스로를 변화시켜 가며 시작하는 것이 우선입니다. 자신의 모든 것을 바꾸지 않고서는 이전보다 더 나은 미래를 기대하기는 어렵습니다.

나 역시 오래도록 대단한 변화를 두려워해 내 이름을 내걸 만한 '대표작'을 창작하지 못하고 있습니다. 생의 중턱을 넘고서야 조금씩 변화의 강물 속에 발을 담그고 세찬 강물의 흐름을 느끼며 건너가고 있습니다. 그날을 기다리며 글을 써야 하는 것이 지금 내가 사는 이유이고, 그것이 작가로 살고 있는 희망이고 목적이면서 최후의 소원입니다. 그러기에 여전히 갈 길이 멀지만 무리해서라도 하루 종일 텍스트와 행간을 넘나들고 있습니다. 빛과 어둠이 끝없이 교차하는 창작의 공간에서 나와 시간의 힘을 믿으며, 오로지 나와 시간에 기대며 창작의 클래스를 숙련시키고 있습니다. 화려하지는 않지만 조용한 빛을 주는 내 생의 가장 멋진 발견을 위해 따끔거리는 물살을 온몸으로 느끼며 건너가고 있습니다. 한발 한발 건다 보면 내가 간절히도 열망하던 버킷리스트와 성스럽게 마주할 것입니다.

그날을 위하여 윤동주 시인이 말한 것처럼 하늘을 우러러 한 점 부끄럼이 없는 시간을 살 것이고, 나에게도, 후세에게도 한 점 부끄럼이 없는 창작 활동에 몰입할 것입니다. 그토록 기다리던 나의 버킷리스트를 위하여!

# 걱정이 많은 그대

걱정은 밀어내지 말고 견뎌야 합니다

바람결에 당신의 음성이 들리고

당신의 숨결이 자연에게 생명을 줍니다.

나는 당신의 수많은 자식 중에 힘없는

조그만 어린아이입니다.

내게 당신의 힘과 지혜를 주소서.


나로 하여금 아름다움 안에서 걷게 하시고

내 눈이 오랫동안 석양을 바라볼 수 있게 하소서.

당신이 만드신 모든 만물을 내 두 손이 존중하게 하시고

당신의 말씀을 들을 수 있도록 내 귀를 열어주소서.

당신이 선조들에게 가르쳐준 지혜를

나 또한 배우게 하시고

당신이 모든 나뭇잎, 모든 돌 틈에 감춰둔 교훈들을

나 또한 깨닫게 하소서.


다른 형제들보다 내가 더 위대해지기 위해서가 아니라

가장 큰 적인 나 자신과 싸울 수 있도록 내게 힘을 주소서.

나로 하여금 깨끗한 손, 똑바른 눈으로

언제라도 당신에게 갈 수 있도록 준비시켜 주소서.

그리하여 저 노을이 지듯이 내 목숨이 다할 때

내 혼이 부끄럼 없이 당신 품 안으로 돌아갈 수 있도록

나를 이끌어 주소서.


위의 글은 〈자연과 사람을 위한 기도문〉이라는 인디언 수우족의 구전 시입니다. 야만적인 인디언이 아니라 자연과 하나가 되는 인디언의 본래 모습을 담았습니다. 지치고 힘들 때, 걱정이 많아 불안할 때 자신에게 용기를 주고 위안을 주는 글이기도 합니다.

인간이 자연을 찾는 것은 아마도 귀소 본능인지도 모릅니다. 자연은 누가 뭐라 해도 솜털처럼 포근합니다. 걱정이 많은 나는 늘 선택의 기로에 서게 되면 자연을 찾습니다. 마지막 결정을 내려야 할 때에는 어김없이 강이나 바다를 찾습니다. 바다는 무수한 사람들의 고민을 듣고도 찰싹찰싹거리며 파도 소리만 냅니다.

한때 세상 무서운 줄 모르고 초원을 달리는 버펄로가 되어 날뛰던 시절이 있었습니다. 자신감 하나로 시간에 쫓기며 떠밀리듯 달려왔지만 세상은 만만한 것이 아니었습니다. 순간순간 예고 없이 찾아오는 걱정들이 나를 죽도록 힘들게 했습니다. 기다려도 오지 않는 내가 기대하는 것들, 기다리지 않아도 내 앞에 머무는 내가 기대하지 않은 것들 사이에서 좌충우돌하며 헤맸습니다. 불쑥 찾아드는 갈림길에서는 살아온 시간이 송두리째 흔들리기도 했습니다.

그럼에도 살아오면서 삶이 나에게 가르쳐준 진리는 세찬 비바람도 언젠가는 멈추게 되어 있고 아무리 성난 파도도 고요해진다는 것입니다. 참고 기다리면 되는데 기다리는 시간이 지옥입니다.

걱정이 얼마나 많으면 과테말라 고산 지역에 사는 사람들은 걱정 인형을 만들어 베개 속에 넣어두고 잠을 잤을까요? 나 역시 걱정 인형을 만들어 지금의 고민을 얘기한 후에, 베개 속에 넣어두고 잠을 잔 적이 있습니다. 그때 그 걱정 인형이 내가 잠든 사이 내 고민을 가져가 버렸던 것일까요? 걱정의 화살을 온몸에 맞으며 견디고 나니 허우적거리던 시간도 사라지고 눈물이 웃음이 되고 춤이 되었습니다. 적당히 소금기를 품어 제 맛을 내는 간고등어처럼 마음이 간간해져 웬만한 걱정에도 흔들리지 않습니다.

걱정은 밀어내지 말고 견뎌야 합니다. 잘 견디면 지나갑니다. 견디는 방법도 스스로 찾아야 합니다. 마음이 움직이는 대로 품면 됩니다. 2박 3일을 술만 마시든가, 잠만 자든가, 춤을 추든가, 노래를 부르든가, 책 속에 파묻히든가, 영화를 보든가, 산을 오르든가 하면서 견뎌야 합니다. 내가 바다를 찾아 소리치며 고민을 토해내듯이 하는 일에 미친 듯이 몰입하면서 걱정 꾸러미를 풀어내야 합니다.

시간이 많이 흘렀지만 그렇다고 걱정이 사라진 것은 아닙니다. 지금 내 앞에는 무수한 고민과 걱정이 쌓여 있지만 인생에서 한 번 올까 말까 하는 큰 걱정이 해결되니까 걱정 근육이 생겼는지 자잘한 걱정은 걱정이 아닌 게 되었습니다. 걱정이 몸의 일부가 된 듯 담담해졌습니다. 두려움도 사라졌습니다. 폭풍 같은 걱정을 온몸으로 맞았지만 상처가 아물고 아프지 않습니다. 그러니까 큰 걱정일수록 남 탓 하지 말고 내 탓이라 여기며 스스로 해결해야 빨리 지나갑니다.

돌이켜 보면 걱정도 저 혼자 오지 않습니다. 때로는 태풍과 함께 오기도 하고 때로는 사나운 소나기를 동반하기도 합니다. 분명한 것은 한줄기 빛을 안고 있다는 사실입니다. 그 빛을 따라 움직이면 됩니다. 돌아가지도 말고 무작정 기다리지도 말고 앞을 가로막는 걱정을 걷어내며 가면 됩니다. 가던 길을 걸어가야 걱정이 물러나고 평화가 찾아옵니다. 걱정이 물러났다는 짜릿함을 느끼는 그때가 또 행복과 마주하는 시간입니다.

지나고 보니 걱정은 불행의 씨앗입니다. 웃음은 행복의 씨앗입니다. 그리고 둘은 한 몸입니다. 동전의 양면처럼 모양만 다릅니다. 수시로 위치만 바뀝니다. 행복과 불행도 그렇습니다.

# 기억을 리셋하려면

고통의 무게도 그만큼 줄어들 것 같습니다

사람들마다 바라는 소원은 수없이 다양하지만, 그 소원들을 통해 이루고 싶은 것은 행복입니다. 우리는 기억을 잘 못하는 사람들을 빗대어 금붕어라고 말합니다. 지능이 떨어진다는 의미입니다. 대뇌피질 크기가 인간의 20만 분의 1 정도로 물고기의 지능이 낮다는 것입니다. 물고기의 기억력은 7초에 불과하다고 합니다. 물론 3개월 지속된다는 이론도 있지만 어쨌든 인간에 비해서는 기억력이 나쁜 건 사실이니까요. 기억력이 나쁜 것이 좋은 점도 있겠지요. 금붕어는 7초 후에는 과거에 일어났던 일들이 사라지고 새롭게 리셋되기 때문에 어쩌면 어항 속에 살더라도 지루하지는 않을 거 같습니다.

인간의 기억력이 때로는 1년이나 5년 단위로 리셋되는 조절력이 있다면 고통의 무게도 그만큼 줄어들 것 같습니다. 잊고 싶지 않은 것일수록 쉽게 잊히고 기억하고 싶지 않은 일일수록 오래 기억됩니다. 오래도록 저장해 두고 싶은 기억은 금세 잊히고, 잊혀야 할 고민은 머릿속에 뿌리를 내리고 있으니 그게 고통입니다.

아름다운 일은 오래오래 기억하고 나쁜 일은 되도록 빨리 지워 버릴 수 있다면 얼마나 좋을까요. 또 빠져나간 기억만큼 좋은 기억이 더 많이 채워질 수 있다면 얼마나 좋을까요. 하지만 바라는 대로 되지 않는 것이 인생사입니다. 삭제하고 싶은 것들이 머릿속에 가득할 때에는 마음에 쉼표 하나 찍으며 눈앞에 보이는 아름다운 풍경을 바라보며 기다리면 됩니다. 흐르면서 곧 지나갈 테니까요.

# 말은 약속

말은 인생을 망칠 수도 빛나게 할 수도 있습니다

살면서 법 앞에 서는 일은 거의 없습니다. 법보다 말의 재판을 많이 받고 삽니다. 누군가 무심코 던진 말 때문에 상처를 받아 고통스러워하는 사람이 너무 많습니다. 말은 마음을 전하는 약속입니다.

누구나 한번쯤 말의 재판을 받고 고통을 받은 때가 있을 겁니다. 우리는 누군가에 대해서 말할 때 '그 사람 잘 알아'라고 단정 지어 말합니다. 과연 잘 알까요? 그저 누구의 말을 듣거나 겉으로 드러난 이미지로 전부를 알고 있는 것처럼 말합니다. 이것은 진실로 아는 것이 아니라 왜곡된 '앎'입니다.

'왜곡된 앎'이 때로는 사람을 죽이기도 하고 살리기도 합니다. 연예인의 자살 사건을 보면 '왜곡된 앎'의 단면을 볼 수 있습니다. 물론 죽음을 택하는 것은 지극히 잘못된 행동입니다. 그러나 성격상 웃으며 견디는 사람이 있는가 하면 참다가 너무 고통스러울 때 한계를 극복하지 못해 죽음을 택하는 사람도 있습니다. 누군가를 진정으로 안다는 것은 뭘까요? 함께 밥을 먹고 함께 잠을 자며 숱한 일상을 함께해 봐야 안다고 할 수 있습니다. 주변의 말이나 겉모습으로 그 사람에 대해 말하고 평가하는 것은 위험합니다. '왜곡된 앎'이 사람을 죽일 수도 있으니까요.

영어에 이런 표현이 있습니다. 'Put yourself in my shoes.' 우리말로 '입장 바꿔 생각해 봐'입니다. 누군가에 대해 말을 할 때는 상대방의 입장이 되어 한참을 생각해 본 후에 말로 표현해야 합니다. 입에서 뱉는 순간 그 말은 나의 약속이 됩니다. 뱉고 나서 후회해 봐야 소용이 없습니다. 상처를 준 말은 부메랑이 되어 언젠가는 내게 돌아오니까요.

'침묵은 금이고 웅변은 은이다'는 말이 있듯 말이 약이 되기도 하고 독이 되기도 합니다. 말은 인생을 망칠 수도 빛나게 할 수도 있어 양날의 칼과 같은 존재입니다. 현명한 대화를 하기 위해서는 말하기 전에 머릿속으로 정리하고 영혼이 담긴 말을 건네야 합니다. 말에도 분명 연습과 훈련이 필요합니다. 말을 할까 말까 망설여지는 순간에는 침묵하는 게 정답입니다. 정리가 되지 않은 말은 실수가 따르니까요.

*The strong do not win,*
*but the winners are the strong.*

강한 자가 이기는 것이 아니라,
이긴 자가 강한 것이다.

– 프란츠 베켄바워

# 기대고 싶은 어른

어른이란 내 자리를 스스로 노력해서 만드는 것

어른이 된다는 것은 무엇일까요? 사전에는 어른이 '다 자란 사람, 또는 다 자라서 자기 일에 책임을 질 수 있는 사람'이라고 명시되어 있어요. 누구나 스무 살이 되면 성인임을 증명받는 신분증을 갖게 되죠. 어른을 증명하는 신분증. 19금의 정보를 보거나, 원하는 대로 술과 담배를 즐기고, 부모의 동의가 없어도 할 수 있는 일들이 많아지죠.

그러나 그것들은 껍데기뿐인 어른이에요. 진정한 어른은 나이가 많은 것을 말하지 않아요. 생물학적, 사회학적으로 대접받는 '어른다운' 어른을 말하는 거죠. 일반적으로 결혼을 하고 가정을 이루면 비로소 어른이 되었다고 말하죠. 그것만으로도 진정한 어른이 되었다고 할 수 없어요.

그렇다면 진정한 어른은 무엇을 말할까요? 지혜로운 판단을 할 수 있어야 어른이 되었다고 할 수 있어요. 다시 말해 진실과 거짓, 내 것과 남의 것, 선과 악을 정확히 분별할 수 있어야 해요. 그러려면 깊은 사유뿐 아니라 다양한 경험을 해야 하죠. 탁월한 지식과 풍부한 경험이 바로 반듯한 지혜를 안겨주니까요. 젊은 사람보다 나이 든 사람이 지혜로운 이유는 그만큼 지식과 경험이 많기 때문이에요. 물론 다 그렇다는 건 아니에요. 예외도 분명 있어요.

작가 알랭 드 보통은 "어른이 된다는 것은 냉담한 인물들, 속물들이 지배하는 세계에서 우리의 자리를 차지한다는 것"이라고 했어요. 다시 말해 어른이 된다는 것은 내 자리를 스스로 노력해서 만든다는 것이에요. 그래서 반듯한 내 자리를 차지하는 것이죠.

가정에서의 내 자리, 직장에서의 내 자리, 다시 말해 누구를 만나든 분명한 내 자리가 존재하는 것을 말해요. 어디를 가나 자리를 찾지 못해, 자리가 없어 서성이는 사람들이 있잖아요. 분명한 내 자리가 없으면 이 자리에 앉아보고 저 자리에 앉아보고 하면서 허둥대잖아요.

자신의 이름 세 글자가 정확하게 쓰인 그 자리를 스스로 노력해서 만들어야 진정한 어른이 되는 거예요. 가정에서나, 직장에서나 내 이름이 새겨진 내 자리가 존재한다는 것, 내가 앉든 앉지 않든 내 자리가 있다는 것, 그것이 진정한 어른이죠.

그렇게 되기 위해서는 우선 나의 정체성을 정확히 파악해야죠. 내가 누구이고 무엇을 해야 하는지, 내가 좋아하는 것을 분명하게 알아야 해요. 정체성을 영어로 'identity'라고 하는데요. 우리말로는 '구별하다'가 되겠죠. 다시 말해 남과 구별되는 특별한 '나'를 의미하죠. 남과 다른 생각, 행동, 좋아하는 것, 싫어하는 것, 잘하는 것, 못하는 것 등의 취향, 성향 모두를 말하는 것이에요.

'나다운 어른', 진정한 어른으로의 첫걸음은 나를 사랑하고 존경하는 마음에 있어요. 다시 말해 자존(自尊), 영어로 표현하면 'Self-respect'가 되겠죠. 세상의 기준과 평가에 얽매이지 않는 자신감은 자존감이 주는 최고의 선물이에요.

자존감이 강한 사람은 타인에 대한 지나친 의식을 경계하고, 가식적이거나 위선적이지 않으며 자신이 믿는 일에 충분한 에너지를 쏟죠. 아무리 힘들어도 꿋꿋이 버티게 해주는 힘은 자존감이에요. 틈틈이 내면의 민낯을 성찰하게 하는 것도 자존감이 강하기 때문이에요. 자존감이 높으면 무엇을 하든 긍정적으로 받아들이며 신뢰하게 되죠.

나의 자리를 만들고 나서 그다음에는 '어른다운' 행동을 해야죠.

어른으로서의 책임과 의무를 다해야죠. 집안에서는 가장으로, 남편으로, 아내로, 자식으로 책임을 다하고 직장에서는 직책에 맞게 역할을 잘해야죠. 맡은 바 역할을 잘 수행해 내는 것, 그 순간 진짜 어른이 되는 거예요.

스스로 선택한 것들에 대한 무한한 책임을 느끼며 반듯하게 수행해 내는 것, 그것이 어른인 거예요. 실수나 실패를 해도 스스로가 방패막이가 되는 것, 스스로 책임을 질 수 있는 능력을 갖는 것, 그것이 진정한 어른이죠. 생각해 보면 세상에서 가장 힘들고 어려운 일이 어른으로 살아가는 것이에요. 어른 노릇, 어른답게 사는 것이 가장 어려운 일이에요.

데이비드 리코가 쓴 《사랑이 두려움을 만날 때》에 보면 어른에게는 두 가지 임무가 있다고 해요. 가는 것과 되는 것(to go and to be). 어른으로 성장하기 위한 첫 번째 임무는 도전, 공포, 위험 그리고 어려움이 있어도 그냥 가는 것이에요. 어른으로 성장하기 위한 두 번째 임무는 그것에 대해 인정을 받건 받지 못하건 단호하게 자신의 길을 가는 것이에요. 다시 말해 누구에게 의지하는 것에서 완전히 벗어나 스스로 선택한 것에 끝까지 도전을 하고 그 결과에 스스로 책임을 져야 한다는 것이죠.

세상에는 수많은 어른이 있고 각자 자기 방식대로 살아가죠. 자신이 살아온 방식대로, 아니면 자신에게 가장 만족스러운 방식을 새롭게 만들어가죠. 사실 어떤 어른으로 어떻게 살아야 한다는 특별한 기준은 없어요. 하지만 어른이라면 우리 마음 안에 있는 선과 악을 비롯한 다양한 힘을 적절히 조절하고 통제할 수 있어야 한다는 거죠. 한쪽으로 치우치지 않게끔.

어른으로 살아가자면 수많은 선택의 순간과 마주하기에 그런 과정에서 때로는 비굴해지거나 치졸해질 수도 있어요. 수많은 위험으로부터 나를 보호하며 살아야 하기 때문이죠. 누구나 사춘기, 제2의 사춘기를 겪으며 방황과 혼돈을 경험하며 지금 나의 길로 가고 있는지를 끊임없이 묻고 대답하죠. 그에 대한 해답은 시간이 한참 흐른 후에나 알 수가 있잖아요.

또 현실과 타협하거나 적응하는 요령을 습득해야 하니까 힘든 거예요. 어른이 된다는 것, 철이 든다는 것은 현실에 잘 적응한다는 것이기도 하니까요. 맘에 들든 들지 않든 스스로 현실 속으로 파고들어 동화되는 거죠. 그러면서 나다운 색깔을 가진 반듯한 내 자리를 차지하는 거예요. 나만이 주인이 되는 내 이름 세 글자가 선명하게 쓰인 내 자리를 갖는 것이에요.

나이가 적든 많든 간에 분명한 내 자리가 있으면 대접을 받게 되죠. 진정한 어른은 나이순이 아니에요. 나이가 어려도 반듯한 생각과 행동으로 책임과 의무를 다하면 자리가 만들어지고 또 대접을 받게 돼요. 어디를 가든 가장 중요한 자리에 앉는 것, 선명한 내 자리가 존재한다는 것, 그것이 아마도 모든 사람이 꿈꾸는 진정한 어른이 아닐까 해요. 최고의 대접을 받으려면 누구의 힘에 의해서 만들어진 자리가 아니라 본인의 노력에 의해서 만든 자리라야 해요.

'어른다운 어른'으로 대접받으면서 베풀 수 있는 어른이 되어야 하는데 쉽지가 않죠. 작가로 사는 나도 나이가 들수록 '어른'이란 말, 참 무겁게 느껴져요. 정말이지 세상에서 제일 힘들고 어려운 것이 '어른 노릇' 하며 사는 것이 아닐까 해요. 한 살 두 살 나이가 들면 그 나이에 맞게 행동해야 하고, 행동에 대한 책임을 다해야 '어른 값'을 하는 어른이 될 테니까요.

아프리카 격언에 이런 말이 있어요. "노인 한 명이 죽는 것은 도서관 하나가 사라지는 것과 같다." 무척 의미심장한 말인데요. 노인은 생로병사, 즉 인생의 미션인 태어나고 늙고 병들고 죽는 네 가지 큰 고통 중에 세 가지를 다 겪고 살아남은 이들이에요. 마지막 한 가지 남은 미션, 죽음을 앞에 두고 있는 이들이고요. 산전수전 겪어 쓴맛 단맛을 다 경험하고 살아낸 이들이기에 세상을 바라보는 시야도, 이해의 폭도 깊고 넓다는 것이죠. 그러니 어려운 상황에 처한 젊은이들에게 침착하게 적절하게 대응할 수 있도록 지혜를 주게 되죠. 흑과 백으로 구분되는 젊은이들에게 수많은 색을 품은 다양한 색의 조화를 알려주는 것도 어른의 역할이니까요.

그러고 보면 어른이 된다는 건 참 어려운 일이에요. 온전히 나만 생각하며 순수하게 무언가를 좋아하는 것, 그 마음을 내려놓아야만 진정한 어른으로 다시 태어나니까요. '나'만 생각하던 것에서 벗어나 '우리'를 생각해야 하고 나의 색과 타인의 색을 잘 섞어야 하니까요. 나뿐만 아니라 남편이나 자식, 부모도 챙겨야 하고, 주변 사람들도 챙겨야 하니까요. 어른이 되기란 참 힘든 거예요.

그럼에도 유연한 사고로 젊은이들과 화합하는 그런 어른, '토닥토닥 쓰담쓰담'해 주며 묵묵히 응원해 주는 어른이 필요하죠. 가족처럼 든든하고 친구처럼 따뜻한 그런 어른 말이에요.

내가 겪은 것을 그들에게 지혜로 나눠줄 수 있는 어른, 나만 옳은 것이 아니라 타인도 옳다는 것에 무한한 지지를 보내는 것, 행여 잘못된 행동을 하더라도 스스로 깨우칠 때까지 조언하며 묵묵히 기다려주는 어른이 필요하죠. 밤새도록 생의 희비를 마음으로 나누며 함께 깊어가는 겨울밤을 하얗게 지새울 수 있는 어른 말이에요. 갓 피어난 예쁜 봄꽃과 잘 물든 단풍이 하나가 된다면 더욱 아름답겠죠?

# 패자가 되지 않으려면

매일매일 새로운 습관으로 길들여야 합니다

많은 사람에게 사는 목적을 물으면 'well-eating, well-living'이라고 대답합니다. 행복은 결국 셀프로 규정됩니다. '누구에게 의지하지 않고 스스로 일어설 때 느끼는 풍요로움'이 가장 바람직한 행복의 완성입니다. 스스로 삶의 밭을 일구어 씨를 뿌리고 물을 주고 자라는 나무를 키워갈 때 느끼는 만족감입니다.

삶의 철학을 갖고 스스로 노력하고 정직하게 경영해야 합니다. 물론 경영을 잘한다 하여 모든 게 내 뜻대로 되지는 않습니다. 그래서 분노, 좌절, 고통, 괴로움이 커져갑니다. 상처를 받고 또 치유를 위해 책을 읽고 여행을 가고 술을 마시고 담배를 피우며 나름대로의 치유법을 찾습니다.

공평한 것 같지만 세상은 공평치 않습니다. 그것을 사실로 받아들여야 상처도 적게 받습니다. 인정할 것은 인정하고 포기할 것은 포기해야 인생을 사는 데 마이너스가 되지 않습니다. 부정적인 생각을 오래하면 행동도 거칠고 난폭하게 됩니다. 세상에 대한 원망, 신분에 대한 원망을 많이 할수록 나는 더욱 고립되고 설 자리를 잃게 됩니다.

어느 세상이든 수많은 '패자'들과 '승자'들이 공존합니다. 현실이 살아가기 힘들 만큼 암울하고 도망쳐 버리고 싶다면 생각과 행동을 바꾸면 됩니다. 시작은 일기를 쓰듯 하나부터 계획을 세우는 것이어야 합니다. 매일매일 새로운 습관으로 길들여야 합니다. 좋은 습관이 길들여지면 좋은 성격이 됩니다. 나쁜 운명이 통째로 바뀝니다.

생각해 보면 세상을 부정적으로 보고 사람을 누구도 믿지 않는 사람도 태어나면서부터 그렇지는 않았습니다. 고단하고 팍팍한 환경이 그렇게 만들었지요. 지금 삶이 힘들다면 생각을 긍정 모드로 조금씩 바꿔보세요. 그럼 세상이 그대를 대하는 시각도 달라질 것이고 그대가 세상을 대하는 태도로 바뀔 것입니다. 좌절 기간이 10년이라도 10년의 좌절이 남은 60년의 인생을 넘어설 수 없으니까요. 'well-eating, well-living'을 하고 싶다면 뒤엉킨 삶의 실타래를 풀어 첫 마음 첫 행동으로 겸손하게 시작하세요.

*Never regret it.*
*If it was good, it's a memory,*
*If it's bad, it's an experience.*

절대 후회하지 마라.
좋았다면 추억이고,
나빴다면 경험이다.

– 캐롤 터킹턴

# 길은 어디에나 있고 누구나 갈 수 있다

혼자 떠난다는 것은 용기 있는 행동입니다

흔히 휴가를 뜻하는 말로 '바캉스'를 많이 사용하는데, '바캉스'는 프랑스에서 온 말로 원래는 'vacance'입니다. 영어로는 'vacation'이죠. 프랑스어에서 시작된 바캉스는 라틴어인 '바 카티오(vacation)'라는 말이 어원이라고 해요. 이 단어의 뜻은 '무엇으로부터 자유로워지는 것'이랍니다.

다시 말해 '바캉스'를 포함한 여행은 단순히 일을 중지하는 시간이 아니라 삶의 모든 예외를 인정하는 특별한 말입니다. 바캉스는 원래 텅 비어 있는, 얽매이지 않은 자유로움을 의미합니다. 그렇다면 바캉스, 또는 여행은 어떤 의미이고 왜 가야 할까요.

바캉스, 또는 여행은 권태로운 일상에서의 탈출을 위한 희망이고 그것을 통해 새롭게 태어나는 다시없는 기회입니다. 다만 목적어가 없어야 합니다. 그냥 떠나는 것, 발길 닿는 대로 내 마음이 향하는 곳으로 떠나야 합니다. 목적어가 없는 상태가 될 때 선명한 나의 목적어가 보일 테니까요.

어쨌든 어디론가 낯선 곳으로 떠난다는 것은 생각만 해도 설레고 해방감과 행복감을 선물합니다. 일상에서의 탈출, 구속에서의 해방감, 낯선 곳에서의 새로운 발견이 그것입니다. 걸어서 가든, 기차로 가든, 지금의 공간을 벗어나는 자체가 기쁨입니다.

낯선 환경에서 접하는 신선함은 경이롭습니다. 오래된 소나무, 낡은 벤치, 낯선 이방인에서부터 먹어보지 못한 낯선 음식들은 새로운 동기를 부여합니다. 물론 새로운 것을 보더라도 관찰을 통해 새로운 발견을 하기란 쉽지 않습니다. 새로운 것이 내 마음에 닿아야 새로운 정보가 되니까요. 무엇을 보든 눈으로 보고 귀로 들어야 일체감이 되어 내 것이 되니까요.

꽃을 보더라도 서둘러 지나가는 사람이 있는가 하면 멈추어 서서 자세히 들여다보는 이도 있습니다. 누구나 자신의 방식대로 보고 싶은 것만 보고 느끼고 싶어 합니다. 그러니 사람이라는 존재는 누구나 할 것 없이 자신만의 독특한 나르시시스트라는 것입니다. 자신의 고집대로 생각하고 행동하는.

벗어난다는 것, 자유롭다는 것은 바깥으로 드러난 나에게서의 탈출을 의미합니다. 나의 일터, 나의 집, 나와 맺어진 인간관계에서부터 벗어나는 것입니다. 물론 그러한 것들이 현재의 나를 있게 해주었고 나를 보호해 주고 있지만 여전히 나를 구속하니까요. 그러기에 누구나 훌쩍 떠나고 싶어 합니다. 그런데 왜 떠나고 싶어 할까요. 그것은 현재의 나와 과거의 나에게서 벗어나고 싶다는 것입니다. 가족으로부터 잠시 분리되고 지친 일상과 떨어져서 혼자 있고 싶다는 것입니다.

혼자만의 바캉스, 아무도 모르는 낯선 도시에서 말도 잘 통하지 않은 낯선 곳에서의 나는 아무것도 아닌 보통의 존재가 됩니다. 있어도 없어도 아무도 모르므로, 남몰래 혼자만의 추억을 만들 수가 있습니다. 잠시만이라도 현재의 직업, 알게 모르게 얽히고설킨 복잡한 고민거리에서 벗어날 수 있습니다. 나를 웃게 하는 풍경들 속에서 잠시 흐뭇해지고 풍부해질 수 있습니다.

익숙한 곳, 익숙한 사람들과의 시간 속에서는 모든 것이 자유롭지 못하고 어항 속 물고기처럼 그 안에서 늘 똑같이 헤엄을 쳐야하죠. 가장으로, 자식으로, 직장의 구성원으로 내가 감당해야 할 책임과 의무를 마땅히 해야 하니까요. 그 모두의 행복을 위해 나는 무엇을 해야 하는가를 생각하며 늘 엑스맨이 되어야 하니까요. 현실이 고달프고 우울합니다. 온전한 나로 존재하고 싶다는 열망이 차

올라 넘쳐흐르면 떠나게 되는 것입니다. 다 팽개치고 오로지 나만을 생각하며 말이에요.

누구를 위해, 어떻게 행동을 해야 하는가를 고민하지 않아도 되고, 누구의 눈치를 보는 것에서도 벗어날 수가 있습니다. 그래서 작정하고 떠나는 거예요. 아는 이 하나 없는 곳에서 모든 고민과 구속에서 벗어나 오로지 나만을 생각할 수가 있습니다. 나를 주시하지 않는 곳, 누구의 딸, 누구의 엄마, 누구의 동료가 아닌 민낯의 나를 통해 선명한 나를 발견하게 됩니다. 나를 관찰하는 이도 없어 남의 시선을 의식하지 않아도 되고 유한의 시간 속에서 무한의 기쁨을 누리게 됩니다. 허락받은 선택을 통해서.

낯선 여관방에서 라면을 끓여 먹으며 맘껏 노래하며 뒹굴어도 괜찮습니다. 사회적인 체면도 필요 없습니다. 오래도록 잠에 취해 일어나지 않아도 되고 아무것도 하지 않는 게으름에 빠져도 됩니다. 누구 하나 나에게 관심 두지 않기에 편안합니다.

다만 간혹 고독할 때도 있습니다. 그러나 답답한 고독이 아니라 산뜻한 고독입니다. 왜? 사회적, 도덕적 규제에서 자유로울 수가 있으니까요. 그러니 허전한 마음을 흐뭇함으로 꽉 채워줍니다. 누구에게도 구속받지 않고 스케줄 관리를 하지 않아도 됩니다. 누구와의 약속도, 누구를 위한 위선의 행동도 필요 없습니다. 허락된 시간 동안 무한한 자유인이 됩니다. 오로지 나만을 생각하며 놀고먹고 자면서 맘껏 누릴 수가 있습니다.

혼자 떠난다는 것은 용기 있는 행동입니다. 성공적이었을 때 만족감은 큽니다. 홀로 떠나는 도전은 종종 숭고하고 아름다운 선택으로 이어집니다. 그리스 신화에 등장하는 '이카로스'는 도전의 대명사로 불립니다. 이카로스는 하늘을 날고 싶은 인간의 욕망을 최초로 실현한 인물입니다. 그는 새의 깃털과 밀랍으로 만든 날개를 달고 하늘을 날아 미궁에서 탈출하는 데 성공했습니다. 무모했지만 꿈을 이뤄냈습니다. 그러나 안타깝게도 너무 높이 날다가 밀랍이 녹아내리는 바람에 추락해 목숨을 잃고 맙니다.

물론, 이카로스가 하늘을 날 수 있도록 밀랍과 새의 깃털로 날개를 만들어준 이는 아버지 다이달로스입니다. 그는 이카로스에게 하늘을 너무 높이 날지 말고 너무 낮게도 날지 말라고 충고했습니다. 바다와 태양의 가운데에서 적절한 고도를 유지하며 날아야 날개가 물에 젖지 않고 태양에 녹아내리지도 않는다고.

그러나 이카로스는 욕심을 부렸습니다. 그래서 추락했습니다. 이카로스는 분명 태양과 너무 가깝게 날면 위험하다는 것을 알고 있었을 것입니다. 누구는 그의 추락이 무모한 도전이 빚은 패배라고 말하지만 실패를 두려워하지 않고 도전했기에 하늘을 나는 꿈을 이룬 것입니다.

홀로 떠난다는 것은 도전입니다. 물론 나이에 맞게 분수에 맞게 도전해야 다치지 않습니다. 장 폴 사르트르는 "우리의 인생은 B(Birth)와 D(Death) 사이의 C(Choice)다"라고 말했습니다. 탄생과 죽음 사이에서 이뤄지는 수많은 선택으로 채워지는 것이 여행입니다. 숱한 선택의 중간에 서서 정확하게 도전해야 발견하는 행복도 선명하고 화려합니다.

여행을 통한 행복은 경험의 부산물입니다. 대단하다고 여기던 것이 대단한 것이 아님을 깨닫게 되고 복잡한 것이라 생각하던 것이 단순해집니다. 많은 것을 갖는 것이 행복이라 여기던 것에서 내게 꼭 필요한 것을 갖는 것이 보통의 행복이라는 사실을 깨닫게 됩니다.

행복은 빠름이 아니라 느림으로 보고 싶은 것을 보며 가는 것이고, 느릿하게 세상을 두 발로 걸어 다니며 구경하며 가는 것, 더하여 눈앞에 보이는 아름다운 풍경을 보며 웃으며 느긋하게 가는 것이라는 것을 깨닫게 됩니다. 경험으로 과거를 추억하며 현재를 깨닫게 되는 것, 한 걸음 더 나아가 미래에 가야 할 길을 찾아내는 것, 그것이 여행이 주는 최고의 선물입니다.

여행은 현재와의 영원한 이별이 아니라 잠깐의 이별입니다. 여행은 길을 나서는 것이기도 하지만 길을 따라 다시 집으로 돌아오는 것입니다. 좀 더 여유롭게, 웃음을 지으며 살아가게 되는 기회의 시간입니다. 어떤 곳에서는 잠자는 곳이 지저분해서, 어떤 곳에서는 음식이 입에 맞지 않아서, 또 어떤 곳에서는 너무 많이 걸어 발에 물집이 생기고 부르터서 걷지 못할 때도 있습니다. 또 어떤 곳에서는 현금은 떨어지고 엎친 데 덮친 격으로 카드 사용이 안 돼 고생하는 일도 분명 있습니다. 여러 가지의 불편함이 복합되어 몸과 마음이 지쳐도 또 가고 싶고 가게 되는 것이 여행입니다. 삶을 포기하지 않는다면 여행은 계속됩니다. 주말에 떠났던 그 길을 따라 다시 집으로 돌아가게 됩니다. 집을 나서는 순간 길은 만들어지고 또 만들어진 그 길을 따라 다시 집으로 돌아옵니다.

어디론가 떠나고 싶은 마음, 그 유혹은 아마도 생이 끝나야 멈추게 될 것입니다. 여행은 무언가에서 벗어나고 싶은 간절한 욕망이기에. 여행은 결국 민낯의 나를 발견하는 것이고 나아가 더 나은 나로 성숙되는 기회를 찾는 것입니다. 여행은 확장성을 선물합니다. 더 먼 곳을 희망할 수 있게 시야를 넓혀줍니다. 따뜻한 배려를 타인에게 베풀기도 하며 빠름에서 느림으로의 변화, 거기에서 아름다운 풍광을 선물 받습니다.

여행은 도전이고 모험이라는 점에서 인생과 닮았습니다. 여행과 인생 모두 울퉁불퉁한 길을 지나다가도 매끈한 도로도 만납니다. 울기도 하고 웃기도 합니다. 다만 여행은 같은 곳을 여러 번 갈 수 있지만 인생은 단 한 번뿐입니다.

내가 걷는 이 길에서 나는 언어를 줍습니다. 그 언어로 향기 있는 '꽃'을 만듭니다. 낯선 여행지에서 보고 듣고 느낀 것을 토대로 나만의 향기를 간직한 '책'을 만듭니다. 살아 움직이는 동안 나는 길 위에서 언어를 주워 밥을 먹을 것이고 아름다운 풍광을 즐길 것입니다. 그 누구는 길 위에서 생명의 은인을 만나게 될 것이고, 평생의 연인을 만날 것입니다. 길은 누구에게나 특별한 무엇을 선물하니까요. 살아 움직이는 동안 길 위에서 서성일 것입니다. 다만 서로의 방향이 다를 뿐이에요.

길 위에 밥이 있고 기쁨이 있습니다. 길 위에 눈물이 있고 아픔이 있습니다. 마지막 그날까지 우리 모두는 길 위에서 서성입니다. 길은 어디에나 있고 누구나 갈 수 있습니다. 다만 나의 길을 찾아가는 것이 중요합니다. 가야 할 길은 스스로가 선택하고 결정하기에 가장 어려운 선택입니다. 길 위에서 오래 서성일수록 명확한 자신의 길을 선택할 가능성이 높습니다. 오래도록 홀로인 순간에 가장 선명한 나의 길을 발견할 테니까요.

*You did a great job today.*
*You can rest well now.*
*Until tomorrow comes, take it easy.*
*You worked hard.*

오늘 하루도 수고했어요.
이제 푹 쉴 수가 있죠.
내일이 오기까지, 맘 편히 쉬어요.
고생 했잖아요.

– 코쿠, 〈수고해요〉 중

# PART 4

# 기다리는 달

타인이 정해놓은 정답에 나를 맞추면 불행은 예정된 것입니다.
내 삶의 정답, 해답은 가까이, 내 안에서 찾아야 합니다.
세상의 단맛 쓴맛을 보며 스스로 깨달아야 성장할 수 있습니다.
최선을 다하면 때는 오기 마련입니다.
남이 부러우면 지는 겁니다.

# 아버지의 마음

부자 아버지, 잘난 아버지는 못 되어도 좋은 아버지가 되고 싶습니다

오래전 방송과 인터넷을 떠들썩하게 했던 아버지에 대한 이야기가 있습니다.

시골 아버지가 대학생 아들에게 꼬박꼬박 부치던 용돈을 끊었습니다. 아들이 전보를 쳤습니다. '당신 아들, 굶어 죽음.' 아버지는 이런 답장을 보냈습니다. '그래, 굶어 죽어라.' 화가 난 아들은 연락을 두절한 채 이를 악물고 노력했습니다. 세월이 흐른 다음에야 아들은 아버지의 전보가 인생의 전환점이 되었다는 것을 깨달았습니다. 서둘러 고향집을 찾았으나 이미 아버지는 세상을 떠났고 유서한 장이 남아 있었습니다. '아들아, 너를 기다리다 먼저 간다. 네가 소식을 끊은 뒤 하루도 고통스럽지 않은 날이 없었다. 언제나 너를 사랑했다.'

위의 이야기에서도 볼 수 있듯이 부모는 무조건 주어야 할 의무가 있고 자식은 무조건 받아야 할 권리가 있다고 사람들은 생각합니다. 그리고 아버지의 사랑은 잘 드러나지 않습니다. 속이 깊기 때문입니다. 사랑한다는 표현도 애틋하게 하는 경우가 드물지요. 대놓고 걱정하거나 슬퍼하지도 않습니다. 자식이 태어나서 죽을 때까지 한없이 '품어주는' 사랑이 어머니의 사랑이라면 적당한 나이가 되면 스스로 독립할 수 있도록 치열한 세상 속으로 '던지는' 사랑이 아버지의 사랑입니다.

내 경우를 보아도 어머니는 늘 주의 깊은 행동을 강조하셨습니다. "차 조심해라, 사람 조심해라…." 그러나 아버지는 늘 도전하는 삶을 원하셨습니다. "자, 한번 해봐라. 실패하더라도 네가 결정한 것에는 후회하지 마라." 아버지는 모든 것의 시작이고 끝이었습니다. 늘 아버지는 "돈이 없으면 세상과 멀어진다"며 돈 걱정하지 않을 만큼 용돈을 넉넉하게 주셨고, 여자이기 때문에 예쁘게 살아야 된다며 비싼 옷도 자주 사주셨습니다.

평범한 월급쟁이 공무원의 딸이었지만 분에 넘칠 만큼 많은 것을 누리며 자랐습니다. 그때만 해도 세상 모든 아버지는 딸을 위해 그렇게 하는 줄 알았습니다. 언젠가 만취한 아버지가 객지 생활을 시작하는 내 손을 꼭 잡고 하신 말씀을 기억합니다. "무슨 일이 있어도 자신을 믿어라, 그리고 정직하게 열심히 살아라."

어릴 적 기억의 내 아버지는 억울한 일을 당해도 묵묵히 참아내다 보니 늘 상처를 안고 사셨습니다. 때로는 스스로 비굴할 정도로 몸을 낮추며 가족을 위해 버티셨고 감당하기 버거운 날이 오면 술에 취해 몸을 제대로 가누질 못해 갈대처럼 휘청거렸습니다.

기억 속에는 아버지의 웃는 얼굴이 저장되어 있지 않습니다. 아버지는 웃을 일이 별로 없었던 분이셨습니다. 가난한 집안의 둘째 아들로 태어나 열다섯 살에 가계를 책임지는 가장이 되었기 때문입니다. 형과 동생을 돌봐야 하는 무거운 책임이 아버지의 어깨를 짓누르고 있었습니다. 그래서 아버지는 자식들에게 애틋하게 애정을 표현할 여유가 없었던 것입니다.

김현승 시인의 시 〈아버지의 마음〉에 보면 이런 표현이 있습니다.

아버지의 눈에는 눈물이 보이지 않으나
아버지가 마시는 술에는 항상
보이지 않는 눈물이 절반이다.
아버지는 가장 외로운 사람이다.

그렇습니다. 이 땅의 아버지들은 늘 숨어들 곳을 찾아 아무도 몰래 울었던 것입니다. 내 아버지처럼. 오래전 방송 프로그램에서 어떤 아버지가 되고 싶냐는 질문에 "부자 아버지, 잘난 아버지는 못

되어도 좋은 아버지가 되고 싶다"던 30대 평범한 아버지의 인터뷰가 코끝을 찡하게 합니다.

아침, 저녁을 한 가족이 식탁에 둘러앉아 밥을 먹고 오순도순 하루를 시작하고 마감하는 것이 가장 평범하면서도 최고의 행복인데 그 평범한 일상을 갖는 것이 힘든 세상에 우리는 살고 있습니다. 저녁이 기다려지는 삶, 가족과 오순도순 보글보글 엄마가 끓여주신 된장찌개를 먹으며 아버지의 미소를 어머니의 토닥임을 마주하는 그런 따뜻한 날을 누구나 꿈꿀 것입니다.

자식의 미래는 부모입니다. 아버지는 아들의 미래이고 어머니는 딸의 미래를 보는 것입니다. 어쩌면 나에게 아버지는 너무 일찍 돌아가셨지만 그 때문에 내가 세상을 알아가게 되고 늦었지만 철든 어른이 되었습니다.

가족을 잃는다는 것은 삶이 우리에게 던져주는 가장 무거운 숙제입니다. 그 사실을 깨닫는 순간 모든 것은 멈추게 되니까요. 매일같이 들렸던 익숙한 목소리를 들을 수가 없고 늘 보였던 모든 것들이 삭제 버튼 누른 듯 한꺼번에 사라집니다. 마음속 깊은 곳의 아림, 그리고 진하게 번지는 눈물, 다시 볼 수 없다는 그 이유 하나만으로도 충격은 큽니다.

# 괜찮은 사람

포기하고 싶을 만큼 힘들고 아플 때
함께하는 사람이 진정한 사랑입니다

살다 보면 지독하게 아플 때가 있습니다. 사랑하는 사람이 어깨를 들썩이며 우는 모습을 무작정 바라보아야만 할 때가 있습니다. 무슨 일이 있었는지 다 알면서도 모른 척하며 마음속으로 아파해야 할 때가 있습니다. 묵묵히 견뎌야 할 때가 있습니다. 아픈 사람은 아파서 힘들고 지켜보는 사람은 옆에서 지켜보며 견뎌야 해서 슬픕니다.

죽을 만큼 힘들어하는 사람을 곁에서 지켜보며 맘속으로 아파하며 견디는 것도 사랑입니다. 손해와 이익을 따지지 않고 곁에서 말없이 등을 토닥이는 것도 든든한 사랑입니다. 그 사람 앞에서는 이를 악물며 참아도 보지만 결국은 그에게 의지합니다. 두 눈이 초점을 잃고 흔들리다가 사랑하는 사람의 품에 안겨 눈물을 쏟게 됩니다. 아픈 사람은 고통스러워 울고 눈물을 닦아주는 사람은 대신 아파해 줄 수 없어 아픕니다. 두 사람은 진정 사랑하기에 눈물을 쏟으며 함께 아파하며 걷습니다.

기쁠 때 행복할 때 함께 기뻐해 주고 축하해 주는 것도 사랑입니다. 그러나 포기하고 싶을 만큼 힘들고 아플 때 함께하는 사람이 진정한 사랑입니다. 쓰러져 가는 몸과 흔들리는 영혼을 토닥여 주며 마음과 마음이 하나로 포개질 때 완전한 사랑이 됩니다. 그런 사랑을 하는 사람은 정말 대단한 사람입니다. 그런 사람에게는 아무것도 묻거나 따지지 않고 백번을 만나 밥을 사도 아깝지 않습니다.

# 사랑한다는 것은

사랑은 가슴으로 느껴야 합니다

결벽증이 심해 살짝이라도 건드리면 죽어버리는 꽃이 있습니다. 그 꽃을 '유추프라카치아'라고 부릅니다. 사람의 영혼을 닮은 꽃이라고 사람들은 알고 있습니다. 그러나 매일같이 만져주고 진심으로 아껴주는 사람을 만나면 고독의 페르소나를 벗어버립니다.

누구나 단 한 사람의 지속적이면서도 변함없는 사랑을 기다리지만, 유추프라카치아와 같은 사랑을 하기는 쉽지 않습니다. 사람들은 사랑을 품는 순간 지독히 사랑하면서도 끊임없이 의심하고 불안해하며 집착하니까요. 그렇게 하면 안 되는 것이고 스스로를 불행으로 이끈다는 것을 알면서도 그렇게 합니다.

사랑은 의지로 통제되는 것이 아니라 가슴으로 느껴야 합니다. 사랑은 사람의 마음을 움직여야 행동으로 이어집니다. 한두 번 스친다고 해서 사랑으로 발전하지는 않습니다. 진정한 사랑은 눈의 마주침, 떨림, 그리고 마음의 겹침이 있어야 합니다. 운명 같은 사랑은 심장에 강렬한 문신을 새기기 때문에 평생 그 사랑을 안고 살아갑니다. 생텍쥐페리가 쓴《어린 왕자》에 다음과 같은 대사가 있습니다.

나는 그 꽃의 불평도 들어주었고 자기 자랑도 들어주었어. 때때로 아무 말도 하지 않고 있으면 걱정이 되어서 왜 그런지 묻기도 했고. 왜냐하면 내 것이 된 꽃이니까.

어쩌면 누군가를 진심으로 사랑한다는 것은 나를 사랑하고 아끼는 그 이상으로 그를 사랑하고 아끼는 것입니다. 그를 사랑함으로써 나를 만나는 것이 사랑이니까요. 다시 말해 사랑이라는 것은 내 안에 네가 있고 네 안에 내가 있다는, '나는 당신입니다(I am you)'라는 확신이 있어야 합니다.

한 사람을 사랑하기 위해서는 치열함과 인내 그리고 오랜 수행의 시간이 필요합니다. 사랑이라는 것은 지고지순한 백합 같지만 때로는 가시 안은 배반의 장미가 되기도 합니다. 목숨 건 사랑과의 전투에서 살아남아야만 내가 바라는 내 사랑이라는 월계관을 쓸 수가 있습니다.

진정한 사랑은 오직 한 사람을 향합니다. 동시에 두 사람을 사랑할 수 있는 율법은 없으니까요. 때문에 사랑은 지독한 노력을 해야 유지될 수 있는 어려운 게임입니다. 그리고 아름답고도 완전한 사랑을 지켜내기란 쉽지가 않습니다. 아무리 어려운 순간이 찾아오더라도 밀어내지 말고 수행하는 마음으로 지켜내야 합니다.

첫 선택도 사랑이지만 선택한 후에 끝까지 책임을 다하는 것도 사랑입니다. 종교처럼 신처럼 사랑하고 존경하며 경배할 수 있어야 일생일대에 단 한 번 아름답게 피는 사랑의 꽃을 피울 수가 있습니다.

# 기다리는 달

눈이 부시게 푸르른 날은 그리운 사람을 그리워하자

인디언들은 5월을 기다리는 달, 오래전에 죽은 이를 생각하는 달이라고 했습니다. 서정주 시인의 시 〈푸르른 날〉에 보면 이런 문구가 있습니다.

눈이 부시게 푸르른 날은
그리운 사람을 그리워하자.

5월은 그런 달입니다. 어제 죽은 누군가를 그리워하며, 지금 내 곁에 있는 누군가에게 감사하며 위로하고 위로받으며 사는 달입니다. 그래서 5월의 세상은 편안합니다. 하늘은 너무 짙지도 흐리지도 않고 적당히 푸르고, 적당히 눈부십니다. 흔히들 초록을 생명의 색이라고 말합니다. 초록색을 이슬람에서는 천국의 색깔이라고 합니다. 짙어 부담스럽지 않은, 편안함을 주는 색이 초록입니다.

다시 말해 지나치지도 모자라지도 않은 그 '적당함' 때문에 좋은 것입니다. 5월의 세상은 온통 꽃밭입니다. 개나리, 진달래가 피고 지니 라일락과 목련이 핍니다. 보랏빛 수수꽃다리에 취하고 꽃내음에 취해 꽃멀미가 날 지경입니다. 황홀함 자체입니다. 물론 그 모두 예정된 순서에 따라 피고 집니다. 5월의 논밭 풍경도 푸르름이 가득합니다. 아픔을 이겨낸 씨앗들이 파릇하게 잎맥을 터뜨리며 함성을 지릅니다. 보이는 모든 것이 향기를 뿜어대는 정원입니다. 5월은 두근대는 떨림을 선물하고, 자꾸만 밖으로의 외출을 재촉합니다.

밀려 있는 원고 하나를 완성해서 출판사에 보내고 5개월 만에 아이와 외출해서 점심을 먹었습니다. 어두운 골방에서만 살다가 오랜만에 바깥세상을 보니 천국입니다. 늘 원고에 쫓겨 밤낮을 가리지 않고 봄인지 여름인지 계절을 분간할 수 없을 만큼 갇혀 살았습니다. 큰맘 먹고 반나절 아이와의 시간을 가졌습니다. 사람들로 붐비는 몰에서 점심을 먹고 아이쇼핑을 하며 세상 구경을 했습니다. 몰 한구석에 자리 잡은 키즈카페에서는 아이 두 명이 엄마와 눈 맞춤하며 놀고 있습니다. 미끄럼도 타고, 자동차도 타고, 참 행복한 풍경입니다.

연인들은 서로의 선물을 사주며 즐거워하고, 건너편 책방에서는 진지하게 책을 읽으며 메모하는 대학생들도 보입니다. 식당에서는 부모를 모시고 식사를 하는 대가족의 모습, 아이의 손을 꼭 잡고 세상 풍경을 담으며 걷고 있는 나까지, 이곳은 행복한 풍경만을 옮겨 놓은 듯합니다.

일단, 내가 조금의 여유를 갖고 세상을 보니 보이는 모두가 천국입니다. 늘 밖을 나가는 것을 두려워했습니다. 물론 밀린 원고가 너무 많아 엄두를 낼 수가 없었고, 건강 상태도 좋지 않았습니다. 모든 것이 조금씩 나아지니 여유가 생기고, 여유가 생기니 바깥세상도 그리웠습니다. 그래서 큰맘 먹고 아이 손을 잡고 나갔습니다.

가족의 달, 5월이 있어 참 고마웠습니다. 세상에서 가장 소중하고 눈에 넣어도 아프지 않을 아이와 소풍하는 것이 이토록 즐거움을 안겨주는 일이란 것을 나이가 들수록 깨닫습니다. 아이가 환하게 웃으니 정말 좋습니다. 행복은 그런 것, 사소한 밥 한 끼를 먹어도 누구와 먹느냐에 따라 많이 행복하고, 그냥 그렇고, 또 불편하고 그런 것입니다.

5월은 성찰의 시간입니다. 라일락 꽃향기를 맡으며 맞이한 5월은 계절의 여왕, 가정의 달이라는 화려한 수식어가 말해주듯 가장 역동적이며 푸른 꿈이 서려 있는 달입니다. 어린이날, 어버이날, 스승의 날, 석가탄신일, 근로자의 날 등이 있어 감사해야 하고, 위로

하고 위로받아야 하기에 가장 인간적인 달이기도 합니다.

해 질 녘 호미곶 청보리밭에 서면 저절로 콧노래가 나옵니다. '눈이 부시게 푸르른 날은 그리운 사람을 그리워하자.' 그 옛날 함께했던 인연들이 아슴아슴 떠오르면서 그들의 안부도 그리워집니다. 소중하지 않은 인연이 어디 있으며, 귀하지 않은 생명이 어디 있을까요.

5월은 감사하고 그리워하고 위로하고 위로받으면 됩니다. 마주하는 숨결이 따뜻하도록, 너무 익숙해서 무례하지 않을 정도로 편안하면 그만입니다. 가족이든, 동료든, 이웃이든 친밀함을 자주 나누면 그게 바로 즐거움이고 행복입니다.

친밀감을 영어로 '센스 오브 클로스니스(sense of closeness)'라고 합니다. 말 그대로 나와 상대방 사이의 정서적 거리를 말합니다. 정서적 거리가 제로에 가까울수록 친밀감은 큽니다. 나의 기쁨=그의 기쁨, 나의 고통=그의 고통이 됩니다. 부모와 자식의 관계처럼 끈끈합니다. 그런 동료, 친구가 있는가 없는가, 있다면 분명 잘 살아온 삶입니다.

감사할 사람이 많다는 것, 위로받을 친구, 위로할 이웃이 있다는 것은 축복입니다. 없다면 지금이라도 만들면 됩니다. 그러나 하늘의 별만큼 무수한, 이상적인 '남'의 기준으로 다가가지는 말아야 합니다. 타인이 정해놓은 정답에 나를 맞추면 불행은 예정된 것입니다. 내 삶의 정답, 해답은 가까이, 내 안에서 찾아야 합니다. 세상의 단맛 쓴맛을 보며 스스로 깨달아야 성장할 수 있습니다. 최선을 다하면 때는 오기 마련입니다. 남이 부러우면 지는 겁니다.

# 베풂, 누군가를 살게 하는 힘

따뜻한 말 한마디, 단돈 만 원이

세상을 밝혀주는 힘이 되기도 합니다

오랜만에 오 헨리의 〈마지막 잎새〉를 다시 읽었습니다.

책의 줄거리는 이렇습니다. 어느 마을에 소녀가 살았는데, 그 아래층에는 이름 없는 늙은 화가가 살았습니다. 어느 겨울 이 마을에 유행성 폐렴이 돌면서 몸이 약한 소녀가 폐렴에 걸렸습니다. 살 수 있다는 의욕을 가져야만 가망이 있다는 의사의 말과 친구의 극진한 간호에도 불구하고 폐렴에 걸려 죽어가고 있는 소녀는 삶에 대해 부정적인 생각을 가지고 있었습니다. 소녀는 폐렴이라는 사실을 알고부터 자신의 삶을 포기한 채 하루하루를 버티고 있었습니다. 소녀는 창밖 담벼락의 담쟁이넝쿨을 쳐다보면서 나뭇가지에 매달려 있는 나뭇잎들이 모두 떨어지면 자신도 죽을 거라 생각합니다. 진눈깨비가 내리고 비바람이 세차게 불던 어느 날 아래층에 사는 화가는 죽어가는 소녀를 위해 밤새 차가운 비바람을 맞으며 마지막 잎새를 그려놓습니다.

다음 날 아침 소녀는 악천후를 이겨낸 마지막 잎새를 봅니다. 소녀는 다음 날에도 그다음 날에도 모진 비바람 속에서도 살아남은 마지막 잎새를 바라보며 자신도 힘든 상황을 이겨내면 살 수 있을 것이라는 생각을 하며 잃어버린 희망을 되찾게 되고 서서히 건강을 회복합니다. 내용에도 나와 있듯이 〈마지막 잎새〉는 자신의 삶을 포기하고 절망에 빠진 심약한 '존시'가 무명의 늙은 화가 '베어먼'의 죽음과 맞바꾼 그림으로 인하여 새로운 희망을 다시 찾게 된다는 이야기입니다.


오 헨리의 〈마지막 잎새〉는 포기하지 않고 죽을힘을 다해 살아간다면 희망찬 삶을 만난다는 메시지를 안겨주는 소설입니다. 화가가 그린 마지막 잎새. 그 자그마한 그림이 죽어가는 한 사람의 생명을 살려낼 수 있었던 것은 진심이 담긴 사랑 때문입니다. 물론 화가는 결국 폐렴으로 쓰러졌고 숨을 거두었습니다. 죽음을 마다하지 않고 사랑을 실천한 한 늙은 무명 화가의 숭고한 작업은 절망적 상황을 희망으로 돌려놓았습니다. 어쩌면 화가도 그 누군가에게 사랑을 받았기 때문에 죽기 전에 다른 누군가에게 돌려주었는지도 모릅니다. 사랑을 받은 사람만이 사랑을 돌려줄 수 있으니까요.

살다 보면 사랑이든 우정이든 듬뿍 받고 사는 사람이 있습니다.

그것을 복이 많다고 생각하는 사람도 있고 빚을 안았다고 생각하는 사람도 있습니다. 복이라 생각하면 갚지 않아도 된다는 생각을 하지만 빚이라 생각하면 반드시 갚아야 된다는 생각을 하게 됩니다. 나에게 온 사랑, 배려, 친절은 복이라 할 수 있지만 빚입니다. 언젠가는 받은 만큼 돌려주어야 합니다. 세상에는 공짜가 없습니다. 내가 갚지 않으면 훗날 내 자식이 갚아야 합니다.

한평생을 살면서 물질적인 것을 빌리는 것만이 빚이 아닙니다. 마음의 빚도 빚입니다. 우연히 내게 온 친절, 배려, 사랑은 마음의 빚입니다. 그 마음으로 연결된 빚이 많을수록 행복한 사람인지도 모릅니다.


안도현 시인의 시 〈너에게 묻는다〉에 보면 '연탄재 함부로 차지 마라 너는 어느 누군가에게 그렇게 뜨거운 사랑이었던 적이 있었던가'라는 구절이 있습니다. 이 문장을 대할 때마다 나는 가족을 위해, 사랑하는 사람을 위해, 이웃을 위해 무엇을 했는지를 생각하게 됩니다.

마지막 잎새가 떨어지면 자기도 죽을 것이라는 생각을 하며 살아가고 있는 주인공을 생각하며 이 순간 직장에서 거리에서 살려고 발버둥 치는 수많은 절박한 얼굴들을 떠올립니다.

우리는 이루고자 하는 꿈과 희망을 안고 일생을 살아갑니다. 그 꿈과 희망의 목적이나 결과가 무엇이든 간에 그것을 이루기 위하여 부단한 노력을 하며 열심히 하루하루를 살아갑니다. 아마 그 꿈과 희망이란 것이 이 세상에 존재하지 않는다면 인생은 살아야 할 이유가 없을 것입니다. 하지만 희망도 어찌할 수 없는 상황이 오면 포기해야 할 때가 있습니다.

이 세상에 처음부터 나쁜 사람은 없습니다. 다만 환경이 그를 변화시켰을 뿐입니다. 살다 보면 물질적인 도움보다 따뜻한 말 한마디가 큰 힘이 되기도 합니다. 꺼져가는 생명에게 희망의 싹을 틔워주는 메시지는 그 어떤 선물보다 강력한 힘이 있습니다.

낯선 거리를 걷다 보면 웃는 얼굴로 친절을 베푸는 사람을 가끔 봅니다. 나는 못 하는 일을 하는 그가 하늘에서 보내준 천사라는 느낌이 들 때가 있습니다. 그런 사람들을 보면 나도 모르게 웃음이 나오고 가슴이 따뜻해집니다. 용기와 격려를 주는 희망의 메시지가 성공한 누군가에게는 의미가 없을지 모르지만 그것이 간절히 필요한 누군가에게는 그 한마디가 성공할 수 있는 기회를 안겨주기도 하고 그의 인생을 통째로 변화시킬 수도 있는 것입니다.

우리가 얼굴도 이름도 모르는 낯선 타인과 편하게 주고받을 수 있는 선물은 격려와 위로입니다. 물론 지금 배가 고파 먹을 것이 필요한 거리의 노숙자에게는 따뜻한 말 한마디는 도움이 될 수 없지만 감옥에 갇힌 사형수에게는 돈보다 힘과 용기를 주는 따뜻한 말이 가치가 있습니다.

나눔의 행복은 거창하거나 화려하지가 않습니다. 따뜻한 말 한마디와 단돈 만 원이 세상을 밝혀주는 힘이 되기도 합니다. 특히 어려움에 처해 있는 누군가에게 따뜻한 말 한마디와 작은 베풂은 평생 동안 잊지 못할 감동의 선물이 됩니다. 누군가에게 나눔을 주는 사람이야말로 가장 값진 인생을 사는 사람입니다. 다른 사람에게 나눔을 주는 일은 자신의 마음속에 행복의 씨앗을 심는 일입니다. 나눔을 실천하는 사람은 반드시 성공이나 성취의 열매를 맺습니다. 살면서 우리는 도움을 받거나 도움을 주는 '선택'에 놓이게 됩니다. 때로는 '선택'을 해야 하는 상황에 놓이기도 하고, 또 때로는 '선택'을 당하는 입장에 놓이기도 합니다.

누구나 자신을 평가할 수 있는 능력과 결정권이 있습니다. 다만 보편적인 기준에 익숙한 평가 방법 때문에 자신을 평가하는 것이 두려울 뿐입니다. 타인은 냉혹하게 평가하면서도 자신은 냉혹하게 평가하지 못하는 존재가 사람입니다. 자신에게 냉혹한 기준을 들이대는 사람이 현명한 사람입니다.


인생은 흐르는 강물처럼 끊임없이 움직이기 때문에, 그 속에서 우물쭈물하다가는 소중한 사람도 소중한 시간도 모두 놓치고 맙니다. 누군가는 이런 말을 했습니다. "지금이다 싶을 때 용기를 내어 기회를 잡아라." 맞는 말이에요. 완벽한 인생이란 늘 우리의 상상 속에서만 존재하는 법, 기회를 잡지 않으면 인생이 바뀌지 않습니다. 세상의 모든 행복은 준비하고 노력하는 자에게만 주어집니다.

또한 행복은 스스로 창조하는 것이지 누군가에게서 얻을 수 있는 것이 아닙니다. 주어진 현실에 적응하며 가지려고만 고집하지 말고 모두와 함께 배려하고 나누며 살아야 합니다. 그래야만 한 생을 살면서 나름대로 누군가와 단 몇 번이라도 뜨거운 사랑을 나누며 살았다고 말할 수 있을 것입니다. 그것이 바로 가치 있는 행복한 삶이 아닐까요?

시간은 기다리는 이들에게는 너무 느리고
걱정하는 이들에게는 너무 빠르고
슬퍼하는 이들에게는 너무 길고
기뻐하는 이들에게는 너무나 짧다.
하지만 사랑하는 이들의 시간은 영원하지.

– 헨리 반다이크

# 길들임은 쌍방통행입니다

진정한 길들임은 깊숙한 교감이어야 합니다

언제부턴가 주는 만큼 받는 데 길들여지는 느낌입니다. 선물이 아니라 거래라는 느낌이 들 때도 있습니다. 20만 원 가치의 상품을 받았다면 그에 준하는 선물을 반드시 되돌려 주어야 한다는 생각에 휩싸입니다. 선물을 받는 순간 줄 것을 고민합니다. 선물을 받고 주지 않으면 능력이 안 되거나 빚진 기분이 들어 우울합니다.

주고받는 데 길들여지다 보면 주는 것도 받는 것도 일상이 되어 큰 느낌도 없습니다. 주면 당연하다고 여기게 되고 안 주면 서운합니다. 선물은 정성인데 말입니다. 계산기를 두드리게 되는 관계라면 거래가 되겠지요. 선물이라는 이름의 가면을 쓴 '거래' 말입니다. 무서운 덫이 되기 전에 마음을 주고받는 길들임으로 바뀌어야 하는데 쉽지 않습니다. 서로의 마음에 불편을 주고 부담을 주는 것은 선물의 진정한 의미가 아닙니다.

사랑하는 사이일수록 사랑이라는 가면을 쓴 '거래'를 하지 말아야 합니다. 정성으로 길들여야 합니다. 무엇에 길들여진다는 것은 사랑을 듬뿍 받는 것 같아 좋기도 하지만 지나칠 정도로 깊숙이 길들여지면 너무 많이 안 것 같아 부담스럽고 불편해집니다.

사랑할수록 사랑이 깊어질수록 고독하고 쓸쓸해지는 것이 사랑병입니다. 장미를 떠나와서야 장미를 사랑했음을 깨닫고 장미가 있는 자기의 별로 돌아가는 어린 왕자처럼 언제나 깨달음은 늦게 찾아오니까요. 《어린 왕자》에서 사막여우가 외계에서 날아온 비행사의 불시착으로 인해 두려움, 설렘, 호기심, 집착, 체념 등 이전에 경험하지 못한 미묘한 감정을 경험하게 되고, 혼란스러움에도 불구하고 마음 졸이며 '길들여지고 길들이는' 관계에 익숙해지고 기다리지만 '사랑'이 채 영글기도 전에 이별하는 것처럼 말이죠.

어쩌면 사막여우 같은 사랑이 피할 수 없는 인간의 운명이 아닐까요. 이 사람이다 싶어 정들었다 싶으면 이별하게 되고 다른 누구와도 사랑할 수 없을 것 같은 이별 후유증을 앓고도 또 사랑하게 되는 운명이 인간이니 말입니다.

그러나 분명한 것은 진정한 길들임은 일방통행이 아니라 쌍방통행으로 깊숙한 교감이어야 한다는 것입니다. 그 무엇에도 흔들리지 않는 마음의 근육이 쌓여야 합니다. 그래야 이별한 후에도 사랑은 계속될 테니까요. 그것이 진정한 길들임이고 애틋한 사랑이지 싶습니다. 신이 둘을 갈라놓아 당장 만날 수 없어도 1년에 한 번 만나 사랑을 나누는 견우와 직녀처럼 서로의 존재를 영구 삭제하지 않는다면 언제 어디서나 마음은 사랑한 그 순간에 머물 테니까요. 마치 사막여우가 "너를 4시에 만난다면 나는 3시부터 행복해질 거야"라고 말한 것처럼 기다림이 설렘이 되어야 행복한 사랑이라 할 수 있겠습니다.

# 사랑이 오고 있습니다

오월의 하루를 너와 함께 있고 싶다

아, 누가 그 아름다운 날을 가져다줄 것이냐

저 첫사랑의 날을

아, 누가 그 아름다운 때를 돌려줄 것이냐

저 사랑스러운 때를

괴테가 쓴 〈첫사랑〉에 나오는 문구입니다. 삶에 있어 최고의 발견은 사랑입니다. 사랑은 원초적이고 본능에 가까운 감정입니다. 사랑은 맹목적일 때 가장 순수하고 이성적일 때 가장 이기적입니다. 사랑한다는 것은 관심을 갖는 것이며, 존중하는 것입니다.

릴케는 그의 시 〈오월의 편지〉에 이렇게 썼습니다.

오월의 하루를 너와 함께 있고 싶다.

오로지 서로에게 사무친 채.


사랑한다는 것은 누구도 끼어들 수 없는 둘만의 호수에 풍덩 빠지는 겁니다. 서로에게 침몰되어 푹 젖어 취하는 것입니다.

누구에게나 사랑의 꿈의 상자가 있습니다. 내 눈높이에 맞는 꿈의 상자를 선택해야 합니다. 많은 사람이 사랑에 실패하는 이유는 내 꿈의 상자를 향해 달려가는 것이 아니라 세상이 만들어놓은 타인의 꿈의 상자를 좇기 때문입니다.

자꾸만 위를, 먼 곳을 바라보지 말고 능력, 취미, 적성, 환경이 비슷한 꿈의 상자를 찾아야 합니다. 그래야 서로를 밀어내지 않고 편안하게 끌어당기며 사랑하게 됩니다. 사랑도 내 그릇만큼의 몫을 만나야 수평을 이루니까요.

사랑은 시작은 쉽지만 지켜내는 것도 힘들고 빠져나오기도 쉽지 않습니다. 사랑하는 동안 천국과 지옥의 세계를 넘나들며 최고의 쾌락을 맛보기 때문입니다. 상처를 입고 그 상처가 견딜 수 없을 만큼 자존감에 상처를 입었을 때 허우적대며 빠져나오게 됩니다.


누구나 사랑을 원합니다. 사랑만이 늦게 아프게 하고 늦게 노화시키고 더 긍정적으로 바꾼다는 것을 알기 때문입니다. 만일 누구와도 사랑하지 않는다면 성장도 없을 뿐 아니라 더 이상 기쁨도 행복도 느끼지 못하고 병에 걸려 말라 죽을지도 모릅니다. 삶의 모든 결핍은 충분히 사랑을 받지 못해서 생깁니다. 결핍을 풍요로 채우고 싶거든 계산하지 말고 이유를 묻지 말고 마음이 이끄는 대로 사랑하세요.

사랑만이 모든 아픔과 고통을 치유하는 유일한 약입니다. 수백 명, 수천 명을 기쁘게 해주는 것보다 사랑하는 단 한 사람을 외롭지 않게 하는 것이 진정한 사랑입니다. 사랑을 두려워 마세요. 망설이지도 마세요. 맘껏 사랑하세요. 모두가 흐르며 사라지니까요. 저 넓은 우주 속으로, 그리고 추억합니다. 함께 보낸 그때 그 시간들을.


'나뭇잎은 벌레가 갉아 먹고 사람 마음은 사람이 갉아 먹는다'는 말이 있습니다. 한순간 나에게 칼을 들이댄 사람도 사랑한다는 이유 때문에 용서하게 됩니다. 사랑은 사람을 들었다, 놓았다, 녹였다, 얼렸다 하니까요. 사랑은 움직이는 동사로 주변에 머물기 때문에 고통이 찾아와도 누군가 건넨 달콤한 입맞춤 때문에 힘들어도 이겨냅니다. 가족의 "수고했어요" "참 잘했어요" 이 한마디가 피곤함을 씻어주고, 용기를 주는 것처럼 살면서 큰 힘이 되는 말은 사랑하는 사람이 던지는 "사랑해요"입니다.

플라톤은《향연》에서 '운명 같은 인연은 새끼발가락에 보이지 않는 붉은 끈이 묶여 있다'라고 했습니다. 사랑에 빠지는 순간 밀고 당기기를 거듭하니까요. 달아나고 싶어도 맘대로 안 되는 것은 보이지 않는 끈이 서로의 새끼발가락을 묶고 있기 때문입니다.

사랑을 얘기할 때 해바라기처럼 사랑하라는 말을 자주 합니다. 그리스 신화에 나오는 태양의 신, 아폴론을 사랑한 요정 크리티가 사랑을 받아주지 않는 아폴론을 매일 바라보다가 꽃이 되었는데 그 꽃이 해바라기입니다.

해바라기의 꽃말은 영원한 기다림입니다. 해바라기는 해만 바라 보며 자랍니다. 사랑도 마찬가지입니다. 내가 선택한 사람에 대해 서는 책임과 정성을 다해야 합니다. 해바라기 마음으로 사랑하면 됩니다. 사랑도 사람의 일이라 최선을 다하고 나면 후회도 미련도 적습니다. 그리고 훗날 힘들고 지칠 때마다 새록새록 떠올라 위로 를 해줍니다. 때로는 사랑했던 순간들이 삶의 위로가 되고 살아가 는 이유를 만들어주니까요. 사랑이 아름다운 추억이 되게끔 진실 한 마음으로 정성을 다해야 됩니다.


사랑도 목숨을 걸 만큼 치열하게 미치도록 해야 끝이 있습니다. 끝이 해피엔딩이든 새드엔딩이든 지나고 나면 다 의미가 있습니 다. 쾌락으로 욕망으로 끝나는 사랑이 되지 않기 위해서는 겉으로 보이는 그뿐 아니라 속에 감춰진 또 다른 그까지 사랑해야 합니다. 한겨울에 붉디붉은 동백꽃을 피워내는 마음으로 정성과 인내로 몰 입해야 합니다. 깊은 그리움으로 몸살을 앓을 정도로 충분히 사랑 해야 합니다.

어떤 사랑을 하든 깨달음은 반드시 있습니다. 심장을 갉아 먹을 만큼 아픈 사랑이든 눈을 지그시 감으면 웃으며 편히 잠들 수 있는 아름다운 사랑이든 잃고 얻는 게 분명히 있습니다.

아름다운 사랑은 치러야 할 수고가 있기에 모두에게 다가가지 않습니다. 그 가치를 충분히 감당할 수 있는 이들에게 손을 내미니까요. 아름다운 사랑은 순례의 길이라 자격이 있는 사람에게 오래 머뭅니다. 따뜻한 정성이 담긴 온전한 마음, 헌신적인 배려, 그리고 착한 희생을 감당할 수 있어야 합니다.


봄이 오는 길목, 아름다운 혼돈인 사랑이 오고 있습니다. 그리움을 안고 사뿐사뿐 님을 향해 오고 있습니다. 바로 당신이 그 주인공입니다. 꼭 껴안아 맘껏 느끼세요. 사랑하고 사랑받는 기쁨을.

*If you'd be loved,*
*be worthy to be loved.*

당신이 사랑받고 싶다면
사랑받을 만한 가치가 있는 사람이 되어라.

– 오비디우스

# 결혼에 대한 예의

이 세상에 처음부터 '백마 탄 왕자'
'황금마차를 탄 공주'는 없습니다

꽃 같은 그대,

나무 같은 나를 믿고 길을 나서자.

그대는 꽃이라 10년이면 10번 변하겠지만

나는 나무 같아서 그 10년, 내 속에 둥근 나이테로만

남기고 말겠다.

타는 가슴이야 내가 알아서 할 테니

길 가는 동안 내가 지치지 않게

그대의 꽃향기 잃지 않으면 고맙겠다.

– 이수동, 〈동행〉

행복한 결혼을 떠올릴 때마다 생각나는 글이 이수동 화가가 쓴

〈동행〉입니다. 분명, 삶에 있어 최고의 선택은 사랑이고 결혼입니다. 그러나 결혼도 예의를 지킬 때 행복을 안겨줍니다. 보통 20대에는 사랑만으로도 얼마든지 살 수 있다며 동화 속의 주인공을 로망의 대상으로 생각합니다. 서른이 훌쩍 넘어간 경우라면 현실적인 것들에 민감해져 의지하면서 쉬고 싶은 '안식처' 개념으로 생각하게 됩니다. 나와 잘 맞으면서도 가족과도 잘 어울릴 수 있는 사람을 선택하게 됩니다.

어쨌든 결혼은 혼자 가는 삶을 내려놓고 동반자와 함께 새로운 세상을 여는 약속입니다. 천국과 지옥을 함께 가겠다는 영혼의 서약입니다. 서로에게 보호자가 되겠다는 서약입니다. 그 모든 서약에 사인함과 동시에 책임과 의무가 주어집니다. 결혼과 동시에 배우자를 나만큼 아끼고 존중해야 합니다. 그러지 못하니까 서로에 대한 확신이 흔들려 희생과 배려는 밀려나고 미움이 안으로 채워지는 겁니다. 믿음이 멀어지고 미움이 가득 채워지는 순간 주변인들과 비교하게 되는 겁니다. 비교를 하게 되니 장점보다 단점이 눈에 들어와 못마땅해집니다. 결혼 생활에서 가장 중요한 것은 서로에 대한 믿음입니다. 믿음이 흔들리면 미움이나 원망이 가득 차게 되어 삶을 송두리째 흔들어버립니다. 흔들리는 가정엔 마찰과 침묵이 가득합니다.


결혼에도 자격이 필요합니다. 남편으로서의 자격, 아내로서의 자격, 부모로서의 자격이 안 되면 그 자격이 갖추어질 때까지 미루어야 합니다. 결혼 역시 남이 다 하니까 하는 것이 아니라 내가 좀 더 가치 있게 살고 또 행복해지기 위해서 하는 거니까요. 자격이 안 되는데도 억지로 결혼을 하면 결혼과 동시에 행복 끝 불행 시작입니다.

사랑은 게임일 수도 있지만 결혼은 둘이 법칙을 정해 하나둘씩 이루어가는 겁니다. 서로 믿고 잘 살겠다는 결혼 서약을 수행하는 겁니다. 비가 오나 눈이 오나 기쁠 때나 슬플 때나 함께 노력하며 잘 살겠다는 약속은 지켜져야 합니다. 그 약속이 지켜지지 않을 때에는 분명 두 사람에게 책임이 있습니다.

아무리 노력해도 좋아지지 않는다면 처음의 약속을 파기해야 합니다. 어떤 이유에서건 대화가 되지도 않고 말을 섞기도 싫고 거의 매일 싸우다시피 하고 얼굴을 보는 것조차 괴롭다면 그렇게 해야 합니다. 떨어져서 생각할 시간을 가져야 합니다. 또 한 달이건 1년이건 생각하면서 노력도 하고 그래도 안 된다면 체면 따지지 말고 서로를 위해 인연의 끈을 놓아야 합니다. 물론 회복을 위해 죽을 만큼 노력을 해봐야 합니다. 상대방 입장이 되어 참아도 보고 희생도 해보고 죽을 만큼 배려도 해봐야 합니다. 친구나 인생 선배의 조언을 들으면서 스스로 고민의 시간을 가져봐야 합니다. 교회, 성당, 깊은 산사를 찾아가 정리하는 시간을 가져야 합니다. 물론 가는 동안에 모든 걸 내려놓고 다시 한번 기회를 갖는 경우도 있습니다. 그게 안 되는 경우라도 홀로 반성과 성찰의 시간을 가지면 나름대로 최선의 선택을 하게 됩니다. 어쨌든 최선을 다해보고 나서도 힘들면 그때 선명하게 결정하면 됩니다.

결혼도 사람이 하는 일이라 잘못된 선택을 하는 건 당연합니다. 길고 긴 어둠의 터널에서 빠져나올 기회도 내가 선택하는 겁니다. 이별 후의 타인의 시선이 두려워, 앞으로 전개될 막막한 생이 두려워 인연의 끈을 놓지 못한다면 평생 어둠의 공간에서 헤맬 수밖에 없습니다. 서로를 위해 불행한 일입니다. 옷도 오래 입으면 싫증이 나고 입지 못할 만큼 낡게 됩니다. 결혼은 배우자와 50년 이상을 함께 한 곳에서 한 방향을 바라보며 살아가겠다는 약속입니다.

전혀 다른 환경에서 자란 두 사람이 한 울타리에서 하나의 성을 쌓아가야 하는데, 아름다운 마법의 성을 쌓아갈지, 모래성을 쌓아갈지 아무도 모릅니다. 누구를 탓하기 전에 서로에게 책임이 있다는 것입니다. 서로 다른 환경을 조금씩 하나의 방식으로 접근해 나가야 합니다. 둘의 관계가 시간이 흐를수록 자석과 쇠의 관계가 되어야 하는데 물과 기름의 관계가 된다면 문제가 생깁니다.

사랑이란 감정도 영원한 게 아닙니다. 연애는 사랑만으로 가능하지만 결혼은 사랑 위에 존재하는 것이니까요. 그게 믿음입니다. 그것도 확실한 믿음이어야 합니다. 결혼에 있어 서로에 대한 믿음이 깨지는 순간 모든 것은 산산조각이 납니다. 사랑의 감정은 어느 날 갑자기 태풍처럼 강렬하게 휘몰아치다가도 일정한 시간이 지나면 연기가 되어 스르르 소멸됩니다.

사랑은 진행형일 때 세상에서 가장 아름답지만 막상 정점을 찍고 나면 무덤덤해집니다. 다시 말해 '그치지 않는 비'의 세계에서 빠져나와 일상을 다시 '맑음'으로 바꿔놓습니다. 맑은 날씨로 변한다는 것은 오로지 한 사람에게 기울어지고 몰입되던 판단 능력이 다시 균형 감각을 찾게 된다는 뜻입니다. 조금의 흔들림에도 또 다른 사랑이 눈에 들어오게 된다는 겁니다. 그러니 사랑이 진행형일 때는 신비의 묘약이지만 떠나는 순간 가장 잔혹한 독약이 되는 겁니다.

결혼 생활은 각자의 위치에 맞는 책임과 의무를 다하는 것입니다. 다시 말해 성실함과 충실함으로 확고한 믿음의 성을 쌓는 겁니다. 인간이 태어나 가장 멋지고 아름다운 풍경은 좋은 짝을 만나 결혼하는 것입니다. 그리고 남편은 아내에게 아내는 남편에게 든든한 배후가 되는 겁니다. 또 자식을 낳으면 자식에게 든든한 배경이 되어주는 겁니다.

세상에서 가장 아름다운 풍경은 한 가족이 웃으며 손잡고 걸어가는 풍경입니다. 그것이 결혼에 대한 최고의 가치이고 생의 가장 아름다운 풍경입니다. 결혼은 분명 경배와 같은 책임과 의무가 따르지만 정성을 기울인 만큼 만족을 안게 됩니다.

인간에게 결혼은 최고의 배후입니다. 누구의 결혼이든 아름다워야 할 권리가 있습니다. 그 아름다운 가치를 만드는 것도 내 몫입니다. 결혼의 주인공은 나 자신입니다. 결혼의 최고의 가치는 행복한 가족을 만드는 겁니다. 부부가 공동의 목표를 향해 쉬지 않고 노력할 때 행복한 가정이 되는 겁니다. 두 성격이 하나로 조화를 이룰 때 만족하게 되는 겁니다. 나의 주장 나의 고집만으로 결혼 생활을 한다면 그건 독선이고 오래지 않아 파국을 맞습니다.

결혼은 성숙으로 가는 과정입니다. 성숙이란 세월이 지남에 따라 경험을 통해 몸과 마음이 골고루 자라나는 과정입니다. 결혼이 분명 인생에 있어 유익하고 의미 있는 일이지만 환상적인 기대는 하지 말아야 합니다. 충동적 사랑과 몽환적 기대를 안고 하는 결혼은 실망이 클 수밖에 없습니다.

미국의 정신과 의사인 스캇 펙 박사는 《아직도 가야 할 길》에서 "사랑에 빠진다는 것은 진정한 의미에서 사랑이 아니다"라고 했습니다. 한 쌍의 연인이 사랑에서 빠져나올 때 그들은 그때서야 비로소 참사랑을 하기 시작한다고 했습니다. 이 세상에 처음부터 '백마 탄 왕자' '황금마차를 탄 공주'는 없습니다. 노력해서 서로가 그런 왕자와 공주가 되는 겁니다. '백마 탄 왕자'를 만나려면 나도 '황금마차를 탄 공주'여야 공평합니다. 나는 보잘것없는데 백마 탄 왕자만을 고집한다면 허영이고 사치입니다. 바람직한 결혼은 부족한 두 사람이 결혼을 통해 자신의 부족한 부분을 채워가며 노력해서 원하는 대로 만들어가는 것입니다.

결혼 생활이 불행하다면 불행한 이유를 찾아야 합니다. 원인을 찾아 해결 방안을 모색하고 꾸준히 노력해야 합니다. 배려하고 희생하고 함께 나눌 자신이 없으면 반드시 결혼해야 한다는 의무감에서 벗어나야 합니다. 결혼으로 맺어진 후에는 배우자의 욕망과 필요를 충족시켜야 하는 책임이 있습니다.

결혼이라는 것도 '반드시'라는 규정은 없습니다. 결혼도 필수가 아닌 선택이 되었습니다. 충분한 자격을 갖추고 나서 진중하게 결혼해야 합니다. 또 결혼을 하면 반드시 이수동 님이 쓴 〈동행〉에 나오듯 서로에게 소중한 나무이고 꽃이 되도록 죽도록 애를 써야 합니다.

# 백마 탄 왕자, 황금마차를 탄 공주

사랑을 앓는 순간은 최고의 카타르시스를 경험합니다

봄이 왔습니다. 유난히도 춥고 눈이 많이 왔던 그래서 더 지루했던 겨울이 떠났습니다. 산에 들에 개나리, 진달래가 피기 시작했고 봄 처녀가 파릇한 풀 옷을 입고 서 있습니다. 가슴 설레는 여자들이 봄 소풍을 위해 기지개를 켭니다.

여자들이 유독 봄이 오면 가슴이 설레는 이유가 뭘까요? 아마도 봄이 주는 기대감 때문일 것입니다. 뭔가 좋은 일이 일어나주길 갈망하는 마음이 크기 때문입니다. 마치 사랑에 빠진 사람이 되어 사랑하는 사람을 갈망하는 마음이 아닐까요. 그 누군가가 내 앞에 '짠' 하고 나타나리라는 기대감이 사람을 설레게 합니다. 그러다가 거짓말같이 이상형의 남자가 봄과 함께 나타난다면 말 그대로 사랑의 탄생을 알리는 봄 처녀가 되는 것입니다.

가슴이 콩닥콩닥 뛰고 안 보면 보고 싶고, 그의 전화가 기다려지고, 밥을 굶어도 배가 안 고프고, 그를 만나러 가다 돌부리에 걸려 넘어져 무릎이 깨져도 벌떡 일어나 달려갑니다. 온 세상이 그와 나를 위해 존재하는 것 같은 말 그대로 공주와 왕자가 됩니다. 사랑을 주제로 한 모든 영화와 드라마, 그리고 노래가 온통 나를 위해 존재하는 것 같은 착각에 빠집니다. 세상의 주인공이 된 착각에 빠집니다. 콩깍지가 제대로 씐 것입니다.

사랑을 앓는 순간은 최고의 카타르시스를 경험합니다. 어떤 심리학자는 이것을 '핑크 렌즈 효과(pink lens effect)'라고 부릅니다. 자신이 보고 싶은 대로 느끼는 대로 인식하고 해석한다는 말입니다. 남들 눈에 다 보이는 결점인데도 내 눈에는 보이지 않습니다.


마치 어릴 적에 읽은 허황된 감성 동화의 엔딩과 같습니다. 백마 탄 왕자가 잠자는 숲속의 공주를 만나 행복하게 살았다는. 산타클로스 할아버지가 굴뚝을 타고 내려와 양말에 선물을 넣어두고 간다는 이야기는 다섯 살 아이가 들으면 사실처럼 느껴져 반짝이는 눈빛으로 고개를 끄덕일지 모르나 초등학교 3학년만 되어도 믿지 않습니다.

그런데 사랑에 빠지기만 하면 백마 탄 왕자님이 어느 날 내 인생에 '짠' 하고 나타날 거라 생각하는 여자들이 의외로 많습니다. 산타클로스 이야기가 거짓인 줄은 다 알면서 왜 유독 백마 탄 왕자님

애기는 믿는 걸까요? 그리고 그들의 기대처럼 사랑하는 사람과 결혼만 하면 행복하게 잘 살까요? 유감스럽게도 아닙니다. 그렇다고 결혼이 무익하다거나 결혼하지 말라는 것은 아닙니다. 결혼은 분명히 남녀에게 유익하고 의미 있는 일이지만 무책임한 환상적인 기대를 하지 말라는 말입니다.

서로의 마음을 주라.
그러나 서로의 마음을 묶어두지는 마라.

– 칼릴 지브란

# PART 5

# 행복한가요?

하나씩 바꿔가다 보면 180도로 바뀌게 됩니다.
행복이 나에게 말을 걸어옵니다.
그런 날을 위해 준비된 계획, 변화, 집중력,
끈기, 자신감을 가지고 실천하세요.
실천이 있으면 나에게 맞는 크기의 행복을 안게 됩니다.

# 열정과 신념으로 똘똘 뭉쳐 있으면

이기는 자와 지는 자의 차이는 1%입니다

영국 시인 윌리엄 어니스트 헨리는 12세 때부터 결핵을 앓았습니다. 10대 후반에는 한쪽 다리를 절단해야만 했습니다. 〈굴하지 않는다(Invictus)〉는 그 무렵 그가 병상에서 쓴 시입니다. 라틴어 '인빅투스(invictus)'는 '불굴의(invincible)'라는 뜻입니다. 그는 이 시에서 세상이 온통 지옥처럼 캄캄하게 자신을 엄습하더라도 절대 굴하지 않는 영혼을 주신 신에게 감사한다고 노래했습니다. 어떤 고난이 닥치더라도 신음하거나 소리 내어 울지 않겠다고 노래했습니다. 시 〈굴하지 않는다〉의 마지막 연은 다음과 같습니다.

*I am the master of my fate; I am the captain of my soul*
나는 내 운명의 지배자, 내 영혼의 선장

인생에서 한 가지 확실한 게 있다면 그것은 인생이 불확실성으로 가득하다는 것입니다. 그럼에도 우리는 이 시에서 한 가지 확실성을 발견할 수 있습니다. 그것은 운명이라는 작은 배가 거대하고 거친 풍랑에 의해 위태로울 때에도 그 배의 키를 쥔 선장은 '나' 자신이라고 선언하는 시인의 의지와 집념입니다. 의지와 집념이 있다면 실패해도 다시 일어나 끝까지 갑니다.

많은 사람이 어떤 일을 하다가 한계 상황에 직면하면 포기를 먼저 떠올립니다. 그러나 포기하면 당장은 홀가분할지 몰라도 오래도록 후회하며 살아갑니다. 무슨 일을 하든 힘든 순간은 반드시 찾아옵니다. 잠시 하던 일을 멈추고 쉴 수는 있지만 포기해서는 안 됩니다. 지금 하는 일이 포기하고 싶을 정도로 힘들다면 잠시 쉬면서 한 템포 느리게 움직이세요. 성공하고 싶다면 지금 하고 있는 일에 집중하면서 느리게 가세요. 포기하는 순간 열정도 에너지도 사라지니까요.

이기는 자와 지는 자의 차이는 1%입니다. 포기하고 싶은 순간을 어떻게 견디느냐에 따라 승패가 갈리니까요. 가장 가치 있는 일에 자신감이 없거나 포기하고 싶은 마음이 든다면 '그래도 계속 간다'는 생각을 꼭 해야 합니다. '열정'과 '신념'으로 똘똘 뭉쳐 있으면 못 이룰 것도 없고 반드시 성공합니다.

# 나에게 말을 걸다

작은 것부터 실천하세요

실패로 인해 상처를 입어 자신감이 줄어들었다면 회복해야 합니다. 내면의 천사의 소리를 듣고 생각하고 방향을 바꾸어야 합니다. 과거의 나를 바꾸지 않으면 다시 실패하게 됩니다.

오마에 겐이치의 《난문쾌답》에 보면 인간을 바꾸는 방법은 세 가지뿐이라고 했습니다. 시간을 달리 쓰거나, 사는 곳을 바꾸거나, 새로운 사람을 사귀는 것입니다. 진정으로 바뀐 삶을 살고 싶다면 작은 것부터 실천하세요. 화를 많이 냈다면 지금부터는 아주 작은 일에도 웃으며 기뻐하세요. 웃으면 기분도 좋아질 뿐 아니라 몸의 면역력도 강화되니까요. 부끄러워하지 말고 참지도 말고, 남의 눈치 보지도 말고 맘껏 기뻐하세요. 마음이 이끈 것들, 웃게 하는 것들이 눈앞에 펼쳐질 때는 아이처럼 웃으세요. 웃는 동안 잡념도 사라집니다. 미워했던 마음, 증오했던 마음도 작아집니다.

　하나씩 바꿔가다 보면 180도로 바뀌게 됩니다. 행복이 나에게 말을 걸어옵니다. 그런 날을 위해 준비된 계획, 변화, 집중력, 끈기, 자신감을 가지고 실천하세요. 실천이 있으면 나에게 맞는 크기의 행복을 안게 됩니다.

# 사랑도 연습이 필요하다

내가 가진 것으로 최선을 다해 사랑하세요

아무리 익숙한 길 위에서도 사랑의 걸음이 시작되는 순간 길을 잘못 들어서거나 흔들리다가 길을 잃습니다. 이 사람이 진정 내 사랑일까, 새끼발가락의 인연이 맞을까, 마치 난해한 기호를 해독하는 것처럼 사랑하면서도 흔들리고 고민하다가 결국 길을 잃게 됩니다.

줄리엣이 발코니에서 로미오를 생각하며 독백하는 장면처럼 사랑에 빠지면 무엇이든 그 사람으로 연결됩니다. 그가 무엇을 좋아하는지, 그가 좋아하는 나의 모습은 어떤 것인지, 그는 왜 그런 말을 나에게 했는지 등을 생각하며 마인드컨트롤도 하고, 이미지트레이닝도 합니다. 그래서 더 좋은 모습을 보여주려고 애를 씁니다. 그에게 이런 말을 하면 좋아하겠지, 그가 혹시 이렇게 하면 나는 어떻게 해야 하지 등을 생각하며 끊임없이 공부하며 연습을 하게 됩니다. 사랑이 깊어가면 갈수록 더 치열하게 파고들어 연습을 합니다.

사랑은 순수한 감정과 현실을 잘 조화시켜야 오래도록 지켜낼 수 있습니다. 적당히 길을 잃으며 적당히 흔들려 봐야 중심을 잡게 됩니다. 한 번의 잘못된 선택으로 이마에 주홍글씨를 새긴 채 불행의 감옥에서 살아가야 하는 비련의 주인공이 될 수도 있고, 잘못된 선택을 미련 없이 털어버리고 새 사랑을 찾기도 합니다. 하지만 어떤 선택을 하든 불행한 최후는 만들지 말아야 합니다. 이럴까 저럴까 망설이다 적당한 기회를 놓쳐버리고 가족도 아닌 남도 아닌 관계를 이어가는 슬픈 주인공은 되지 말아야 합니다.

사랑에 있어 어떤 것이 올바른 선택인지 정답은 없습니다. 사랑이라 부르는 것도 도덕적인 책임이 포함된 진정성이기 때문입니다. 항상 변치 않는 자신이 되는 것이 중요합니다.

나만의 방법으로 악기를 다루듯 사랑을 연주하세요. 내가 가진 것으로 최선을 다해 사랑하세요. 한 번 웃어주면 두 번 웃어주고 한 번 안아주면 열 번을 안아주세요. 사랑에도 용기가 필요합니다. 백 명을 기쁘게 해주는 것보다 단 한 사람을 외롭지 않게 하는 것이 진정한 사랑입니다.

# 절대 포기하지 말길!

You, never give up!

영국의 위대한 정치가 윈스턴 처칠이 옥스퍼드 대학에서 졸업식 연설을 부탁받았습니다. 제2차 세계대전이 한창일 때였습니다. 며칠간 그 짧은 시간 동안에 어떤 연설을 해야 젊은이들에게 꿈과 희망을 심어줄까 고민을 하다가 졸업식 날 처칠은 아주 작은 목소리로 "절대 포기하지 말아라!(You, never give up!)"라고 말했습니다. 그리고 잠시 후에 좀 더 큰 목소리로 "You, Never give up!"이라고 말했습니다. 다시 잠시 후에 이번에는 아주 큰 목소리로 "You!, Never give up!!"이라고 외치곤 강단에서 내려왔습니다. 바로 그 때 청중들이 기립박수를 보냈습니다.

결국 이 연설은 영국이 막강한 독일의 공격을 막아내는 원동력이 되었고, 자신감을 잃은 많은 영국 젊은이들에게 용기를 심어준 최고의 연설로 기억되고 있습니다. 지금 꿈을 포기하고 싶은 생각이 든다면 처칠을 기억하고 절대 포기하지 않으리라는 굳은 의지를 가지고 맞서야 합니다. 적어도 법정 근로 시간인 8시간 동안 맞서보아야 합니다. 그래야 두려움이 도망가게 됩니다.

두렵다고 손 놓고 있으면 두려움은 더욱 강해집니다. 아무리 힘든 일이라도 8시간을 몰입한다면 끝이 있습니다. 안 하면 지는 겁니다. 실패하더라도 다시 도전해야 합니다. 정면 승부로 도전해야 두려움도 사라집니다. 끈기를 가지고 도전해야 삶이 바뀝니다. 지금껏 실패한 삶 속에서 흔들리고 방황하며 살아왔다면 당당히 도전하세요. 남을 의식하지 말고 당당히 맞서세요. 죽을 만큼 하기 싫은 그 99%와 정면 승부하세요. 그리고 나머지 1%의 한계 상황을 견뎌 이겨내세요. 반드시 경험하지 못한 위대한 자아와 직면하게 될 테니까요. 자신감이 생길 테니까요. 새로운 세상의 주인공이 될 테니까요.

그리하여 우리는 앞으로, 앞으로 나아간다.

물결을 거스르는 배처럼.

끝없이 과거로 떠밀리면서.

– 프랜시스 스콧 피츠제럴드,《위대한 개츠비》중

# 꿈은 밥이다

꿈꾸는 자와 꿈꾸지 않는 자의 삶은 다릅니다

꿈은 밥이에요. 꿈이 없는 사람은 살아 있어도 죽은 거나 마찬가지입니다. 돈키호테는 "불가능을 꿈꾸라"고 했습니다. 분명 꿈꾸는 자와 꿈꾸지 않는 자의 삶은 다릅니다. 꿈꾸는 자는 과감한 변화를 시작할 것이고 변화는 두려움을 밀어내고 당당한 자신감으로 무장하게 됩니다. 새롭게 변화하는 삶 자체가 즐거울 것이고 그 즐거움에 길들여지면 시간을 축제처럼 즐기게 됩니다.

영국 작가 G. 엘리엇은 인간은 알게 모르게 다섯 가지 감옥에 갇혀 있다고 했습니다. 이기적인 자기 사랑의 감옥, 쓸데없는 근심의 감옥, 과거를 생각하는 향수의 감옥, 남의 것만 좋게 보는 선망의 감옥, 그리고 증오의 감옥입니다. 스스로를 감옥에 가두다 보면 용기도 자신감도 사라져 가치 없는 인간이 됩니다. 의욕 없이 그저 꿈을 꿈처럼 꾸기만 할 뿐입니다.

꿈은 환경, 능력에 맞게 계획되고 실천해야 이룰 수 있습니다. 5년 후 10년 후 20년 후의 내 모습을 원하는 대로 이뤄가야 합니다. 물론 꿈의 높이와 나의 능력, 환경, 열정 그리고 인내심의 정도에 따라 목적지에 도착할 수도 있고 그 중간쯤에 도착할 수도 있고 간이역에 오래도록 머물 수도 있습니다.

적절한 타이밍을 놓치지 말아야 합니다. 고대 그리스인들이 '카이로스'라고 부른 '적절한 때'를 찾아내는 것은 일종의 기술과 같습니다. 사과를 익기 전에 딸 수도 있지만 당도와 색감이 딱 좋을 때 수확을 합니다. '적절한 때'를 맞추는 것이 가장 중요하니까요. 인생도 타이밍을 맞춰야 기회를 정확히 잡을 수 있습니다.

누구의 인생이든 기회는 '우연'에서 시작됩니다. 그 '우연'을 잘 선택하면 우연이 인연이 되고 인연이 필연이 되어 운명을 통째로 바꿉니다. 선택이 행운으로 다가올 수도 아무것도 아닌 우연으로 끝날 수도 있지만 해피엔딩이 될 가능성이 더 많기 때문에 잡으려 하는 것입니다.

# 행복은 무엇일까

꿈을 향해 신나게 춤을 추는 사람은 늙지 않습니다

---

행복은 무엇일까요? 행복은 'possible'과 'impossible'의 가운데서서 어느 것을 선택하느냐에 따라 행동이 'can'과 'cannot'으로 갈리는 것입니다. 가장 중요한 것은 확신이지요. 꿈은 무엇일까요? 성공 철학의 아버지인 나폴레온 힐은 "모든 성취의 출발은 꿈을 꾸는 것으로부터 시작된다(The starting point of all achievement is desire)"고 했습니다.

자신을 스스로 컨트롤하며 자신의 재능과 자원을 제대로 활용하면 꿈은 반드시 이루어집니다. 당당하게 꿈을 찾아 나아가야 합니다. 정면 승부를 하면 꿈을 이루는 과정에서 만나는 역경과 시련도 빨리 지나갑니다. 남을 따라가는 삶은 자유는 없고 타인에 의해 끌려가기만 합니다. 장애물을 만나도 스스로 해결할 생각을 하지 않고 가족에게 의지하게 됩니다. 늘 시간에 쫓기면서도 시간이 권태롭고 재미도 없습니다. 삶 자체가 무료해지면 지겹고 먹고 입는 것, 일하는 것, 누구를 만나는 것 모두 귀찮아지니까요. 모든 것에 자신감을 잃게 됩니다. 다시 말해 몰락으로 나를 밀어 넣는 것이지요.

뜨겁게 뛰고 있는 심장에 손을 얹고 자신에게 물어보세요. 꿈을 이루기 위해 밥 먹는 것, 노는 것, 잠자는 것을 잊고 수없이 몰입한 적이 얼마나 되느냐고. 꿈은 저절로 이루어지지 않습니다.

무엇이든 마음먹기 나름입니다. 반드시 '해야 한다'는 1명의 확신이, 결코 해서는 안 된다는 100명의 반대를 물리칠 때가 있습니다. 그 사소한 1%의 힘이 꿈을 이루는 기적을 부를 때가 있으니까요.

꿈을 향해 신나게 춤을 추는 사람은 늙지 않습니다. 유한한 시간 속에서 무한한 행복을 찾아내는 것이 열정이니까요. 나를 믿고 응원하며 늦더라도 끝까지 해내면 '네버 엔딩 스토리'가 되는 거니까요. 한 편의 신화처럼 내 꿈이 누군가의 꿈이 되어 영원히 끝나지 않은 이야기가 될 수도 있으니까요.

# 기대치를 낮추면 만족은 커진다

기대치를 낮추면 적게 실망하고 적게 상처받습니다

상처의 종류에는 두 가지가 있습니다. 시간이 흐르면 자연스럽게 잊히고 치유되는 사소한 상처가 있고, 시간이 흐를수록 감정이 더 깊어져 치유되지 않은 충격적인 상처가 있습니다. 사소한 상처는 주로 친하지 않는 사람들과의 인연에서 생기고 충격적인 상처는 가족, 친구, 동료와 같은 가까운 사람들이 남깁니다. 깊은 상처가 생기는 이유는 너무 가깝다 보니 자주 부딪치고 친하다 보니 지나칠 만큼 기대하기 때문입니다.

기대가 크면 실망이 크다는 말이 있는 것처럼 기대가 충족되지 않았을 때 상처를 안게 됩니다. 기대하며 기다리는 순간 상처는 점점 더 커지고 결과에 따라 실망과 함께 심한 충격을 받기도 합니다. 충격적인 상처를 적게 받으려면 부모라 해도 자식에게 많은 것을 기대하지 말아야 합니다. 자식이라는 이유로 반드시 효도해야 한다는, 또 부모의 도리를 다해야 한다는 생각은 버려야 합니다.

사랑하는 사람일수록 기대치를 낮추어야 합니다. 기대감을 낮출수록 만족은 크게 다가옵니다. 먼저 주기를 기다리지 말고 내가 먼저 주는 습관을 들여야 합니다. 주는 마음에서 사랑은 깊어지고 진정한 마음의 교류가 오가니까요. 지나친 기대는 실망이고 상처를 동반합니다.

가장 큰 상처를 받는 사람은 상대방이 아니라 나 자신입니다. 용서해야 될 대상도 자신입니다. 상처에서 헤어나려면 지나친 기대를 하지 말아야 합니다. 상대방이 어머니처럼 나를 돌보아주고 헤아려 주기를 기대하지 말아야 합니다. 기대치를 낮추면 적게 실망하고 적게 상처를 받습니다. 부모와 자식, 형제, 친척, 동료, 그리고 친구일수록 더 좋은 관계를 유지하고 싶으면 기대를 낮추고 예의를 지켜야 합니다.

# 자존감은 무엇보다 중요하다

인생은 자신을 발견하는 것이 아니라 자신을 만들어가는 것

익숙해지다 보면 삶의 기초가 되는 것은 자존이라는 것을 깨닫게 됩니다. 자존감이 높은 사람일수록 자신이 하는 일을 사랑합니다. 언젠가는 꿈을 이룰 거라는 것을 확신하기 때문에 지금은 남루한 삶을 살더라도 꿈을 향해 노력하게 됩니다. 자존감을 가지고 일을 하면 어디서 무엇을 하든 즐거울 테니까요.

이탈리아의 화가 모딜리아니는 가난하고 몸이 약해서 학교 교육도 제대로 받지 못했습니다. 집 안에만 갇혀 본능처럼 그린 그림이 그를 화가로 이끌었습니다. 그림을 그려 빵과 술로 바꾸며 가난하게 살았습니다. 그는 자신을 알 수 없다고 생각해서 자화상에도 인색할 정도로 정직했습니다. 특히 초상화 대부분에는 눈동자가 없습니다. 그 이유는 영혼을 알기 전에는 눈동자를 그릴 수 없다고 생

각했기 때문입니다. 어쩌면 독창적이면서도 정직한 화풍이 그를 초상화에 있어 독보적인 존재로 만들었는지도 모릅니다.

예술이 창조이듯 인생도 나만의 독특한 결과 향이 있어야 사는 것이 즐겁습니다. 돈의 결핍 때문에 느낄 수 있는 '존재의 서글픔'보다는 좋아하는 일을 함으로써 '존재의 기쁨'을 만끽하게 됩니다. 기쁨과 만족을 느껴야 무엇을 하든지, 누구를 만나든지 당당해지니까요.

영국의 작가 버나드 쇼는 '인생은 자신을 발견하는 것이 아니라 자신을 만들어가는 것(Life isn't about finding yourself. Life is about creating yourself)'이라고 했습니다. 같은 일을 하면서도 최선을 다하는 사람에겐 가까이 다가가 토닥여주고 싶은 마음이 듭니다. 그러나 요령을 피우며 대충 하는 사람에겐 시선이 가질 않습니다.

# 책은 멘토 1

사람답게 잘 살기 위해서는 생각이 중요한데 그 뿌리는 책입니다

지하철을 타고 가다 보면 종이책을 펼쳐 읽는 풍경을 보기가 어렵습니다. 물론 스마트폰으로 전자책을 읽는 사람이 늘어난 탓도 있지만 책을 멀리한다는 것입니다. 성공한 사람치고 책을 가까이 하지 않는 사람은 없습니다.

책 읽는 것을 본능으로 생각해야 합니다. 옛말에 "밥이 보약이다"라고 했습니다. 내 체질에 맞는 음식을 잘 골라서 먹으면 건강하게 오래 살 수가 있는 것처럼 인생을 여행하는 데 있어 좋은 책과 함께하는 것은 축복입니다. 좋은 책은 멘토를 넘어 스승이 될 수 있고 학교에서 얻지 못하는 지식을 안겨주고 간접 경험이 되니까요.

책을 통해 얻은 지식은 잠재적으로 생각과 행동에 영향을 줍니다. 다시 말해 다양한 분야의 책을 많이 읽으면 행동에 조절력이 생

깁니다. 감정에 치우친 행동을 하다가도 결정적인 순간에는 이성적인 행동을 하게 됩니다. 책을 통해 얻은 지식과 재능 그리고 경험을 잘 조화시키면 나만의 지혜가 됩니다. 가진 것 모두를 빼앗겨도 마음속에 축적된 지식과 지혜는 빼앗기지 않으니까요.

사람답게 잘 살기 위해서는 생각이 중요한데 그 뿌리는 책입니다. 등산을 많이 하면 다리가 튼튼해지고 근육이 생기듯 어떤 유혹에도 흔들리지 않으려면 마음에 단단한 근육이 있어야 합니다. 마음의 근육을 만들기 위해서는 책을 읽어야 합니다. 책을 통해 생각의 근육을 키우고 지혜로 다져지는 근육을 만들어갈 때 깨달음이 생기니까요.

책을 읽지 않으면 정확하고 깊이 있는 정보와 지식을 얻기가 어렵습니다. 방송, 신문을 통해 단편적인 정보와 지식은 얼마든지 얻을 수 있지만 때로는 오류를 범하기도 하니까요. 책에서 얻을 수 있는 다양한 정보를 찾아야 합니다. 독서가 습관이 되어 일상이 될 때 즐거움은 배가됩니다. 묻혀 있는 감수성도 끄집어낼 수 있습니다. 독서는 마음에 불을 지펴 열정을 불태우고 사고와 포부를 키워 운명을 바꾸어놓습니다. 책을 읽다 보면 아이디어가 떠오르고 풀리지 않던 일의 실마리도 찾을 수 있으니까요. 한 줄의 문장이 어떤 이에게는 행운을 가져다주고 방황하는 어떤 이에게는 내비게이션이 됩니다.

책은 시간과 공간을 뛰어넘어 지식과 지혜, 통찰력과 창의성을 키워주는 최고의 도구입니다. 책과 함께 인생을 여행하세요. 결국, 삶의 시작도 책이듯 삶의 끝도 책이니까요.

# 책은 멘토 2

많은 작품을 읽어야 현실과 꿈을 이상적으로 융합할 수 있습니다

아름다운 자신의 긴 머리카락을 팔아 남편의 시곗줄을 사는 아내, 그리고 자기가 아끼는 시계를 팔아 아내의 머리빗을 사는 남편. 가난하지만 눈물겹도록 아름다운 크리스마스에 주고받은 선물이지만 받고 보니 그들에게는 쓸모없는 선물이었다는 오 헨리의 단편 〈크리스마스 선물〉은 진정한 사랑의 가치를 생각하게 합니다. 그 몇 줄의 글귀가 현실에 접근하도록 이끕니다. 주는 만큼 받지 못해 섭섭했던 마음도 내려놓게 하고 가끔 소홀했던 가족에게 한 뼘의 사랑을 더 주리라 다짐도 하게 만듭니다.

어쩌면 문학은 위로와 용기, 때로는 힘을 주기도 하지만 타인의 삶을 통해 내 삶을 들여다보며 부족한 부분은 채우려 노력하고 지나치다 싶으면 비우기 위해 노력하게도 합니다. 책을 읽으며 깊이

감동하여 눈물을 흘린 부분에서는 밑줄을 그어가며 심장에 '콕콕' 새기도록 수없이 되뇝니다. 문학은 지나온 시간을 돌아보며 반성하게 하고 더 단단한 모습으로 살아가기 위해 다짐하게 합니다. 치유와 살아갈 힘을 동시에 안겨주는 것이 문학의 향기고 가치가 아닐까요. 살면서 힘이 들 때마다 떠올렸던 문학 작품 속의 한 구절이 이별의 상처를 달래주기도 하고 병으로 다 죽어가는 사람을 살리기도 합니다. 문학을 통해 일종의 간접 경험을 하며 가끔은 삶의 이유를 찾습니다.

나도 시인이 될 생각으로 문학의 숲에 파묻혀 살았지만 시인이 되고 나니 또 다른 꿈이 내 앞에 머무는 것입니다. 삶의 목적어를 하나 이루면 또 하나가 앞에 다가와 서 있습니다. 그래서 살아볼 만한 가치가 있다는 것입니다. 무작정 작가로 사는 것이 아니라 가슴으로 와닿는 '뭉클한' 느낌을 던지는 글을 써야 하는 새로운 목적어를 향해 가야 합니다. 그래서 여전히 갈 길이 멀지요. 머리로 쓰는 글은 단편적인 지식을 전해줄 뿐이지만 가슴으로 쓰는 글은 심장을 '쿵쿵' 두드리는 울림이 있으니까요. 그래서 경험이 중요합니다.

모든 것을 다 경험할 수 없기에 많은 책을 통해 지식과 지혜를 얻습니다. 시간적, 공간적, 상황적인 한계 때문에 책을 통해 모범 답안을 찾습니다. 아무리 많은 책을 읽어도 내가 원하는 정답을 찾을 수는 없지만 책을 많이 읽어야 실수와 실패가 줄 것이고 그렇게 되면 뼈아픈 후회도 덜 할 테니까요. 많은 작품을 읽어야 현실과 꿈을 이상적으로 융합할 수 있습니다. 퍼즐 맞추기와 같은 삶, 어떤 '책'을 읽고 어떤 '생각'과 어떤 '행동'을 하느냐에 따라 운명을 통째로 바꾸는 비밀번호를 알게 될 테니까요. 삶의 멋진 배경이 되는 것은 책이고 작품이 던지는 메시지는 바른 행동을 코치합니다. 그러니까 책은 멘토 역할을 합니다.

*Dream as if you'll live forever lives*
*if you'll die today.*

영원히 살 것처럼 꿈꾸고
오늘 죽을 것처럼 살아라.

– 제임스 딘

# 문학에서 답을 찾다

'결핍'의 느낌이 목을 조여온다면
문학 작품에서 지혜를 찾아보세요

성공한 사람일수록 문학을 가까이합니다. 문학 안에는 꿈이 있고 삶의 방법이 들어 있으니까요. 누구나 삶을 시작하면 마감할 때까지 사람과의 관계 속에 살아갑니다. 인간관계가 좋아야 살아가는 과정도 즐겁고 편안하니까요. 인간관계를 공부할 수 있는 학문이 바로 문학입니다. 문학은 경험할 수 없는 것들을 간접적으로 경험하게 하고 바람직한 삶으로 이끄는 데 도움을 줍니다.

사람과의 만남, 방송 드라마, 수없이 흘러내리는 트윗에서도 찾지 못했던 지혜를 문학 작품에서 발견할 때가 있습니다. 단 한 번도 경험하지 못한 행복과 불행, 기쁨과 슬픔, 사랑과 이별, 삶과 죽음에 대한 지혜가 문학 작품 속에 들어 있으니까요. 문제는 읽고 나서 나의 것으로 승화시켜야 현실에 반영하기가 쉽다는 것입니다. 지금 지극한 시련 속에 살고 있다면 어둠 속에서 빛의 세계로 나온 작가의 작품을 읽어보세요. 위로가 되고 힘이 되고 이정표가 됩니다. 시련도 노력하면 얼마든지 벗어날 수 있습니다.

러시아의 소설가 도스토엡스키도 절망 속에서 빛을 찾은 위대한 인물입니다. 그는 비밀결사에 참여했다가 체포되어 시베리아 강제노동 수용소에서 기한도 없는 생활을 합니다. 낮에는 강제노동에 시달렸고, 밤이면 어둡고 추운 골방에서 외로이 절망을 달래가며 지냈습니다. 그의 작품은 마치 삶의 끄트머리에 서서 마지막 힘을 다해 부르는 처절한 노래 같지요. 아버지가 농노들에게 살해당하고, 강제노동에 시달리고, 사형대 앞에 서는 등 벼랑 끝에 섰으면서도 절망하지 않았으니까요.

그는 누군가가 보내준 성경 속에서 지혜를 찾았습니다. 그는 '양심'에 대해 깊이 생각하면서 습작을 시작했고 인간의 '양심'을 다룬 최고의 명작《죄와 벌》을 탄생시킵니다. 가장 비천하게 보이는 죄수에게서도 하나님의 형상을 찾아내고, 사랑을 받게 되면 반드시 사랑을 주게 된다는 것을 깨닫게 됩니다.

누구든 무엇을 해서 무엇이 되고 싶다면 치열함과 절박함으로 무엇이든 해야 합니다. 물론 롤러코스터를 타듯 솟아오르고 추락하기를 거듭하면서도 한계 상황을 뛰어넘어야 하겠지요. 기적은 최고의 노력으로 최선을 다하는 사람의 손을 잡아주니까요. 바뀌지 않고 늘 생각만 하고 삶의 방관자로 살아간다면 어제와 다르지 않습니다. 지금 '결핍'의 느낌이 목을 조여온다면 문학 작품에서 지혜를 찾아보세요.

# 첫걸음은 사랑과 존경으로

내 몸에 맞는 목적어를 찾아 달려가면 못 이룰 것은 없습니다

'나다운' 삶의 첫걸음은 나를 사랑하고 존경하는 마음으로 시작해야 합니다. 무엇이 되기 위해서는 내가 좋아하는 일이 무엇이며 되고 싶은 나는 누구인지 그리고 어떻게 해야 이룰 수 있는지를 구체적으로 알아야 합니다. 현미경 들여다보듯이 나의 정체성을 정확히 파악해야 합니다.

"넌 커서 뭐가 될래?" 어린 시절 어른들에게 수없이 듣던 질문인데요. 꿈이 무엇이고, 그 무엇이 되고 싶은 것의 귀결점은 행복입니다. 대부분의 사람은 "나는 이런 사람이 될 거야!"라고 말하고 나서 그와 정반대 방향으로 달려가기 때문에 행복하지 않습니다.

세대를 초월하며 꾸준히 사랑받는 비틀스는 "우리는 히트곡을

쓸 거야!"라고 말해놓고도 무작정 유행을 좇는 곡은 쓰지 않았습니다. 오로지 자신들만의 독특한 멜로디로 차별화했습니다. '나다운' 삶, 내가 행복해지기 위한 삶을 위해서는 나의 정체성을 살리는 일을 해야 합니다. 나에게 맞는 행복이라면 분명 초콜릿처럼 달콤하고 눈으로 볼 수는 없지만 충분히 아름다울 겁니다. 그러나 나에게 맞지 않는 행복이라면 아무리 초콜릿이라도 맛이 쓰고 촉감도 좋지 않겠지요. 그러니까 나의 것을 찾아 그 일을 즐기며 하는 것이 '나다운' 삶이고 행복해지는 방법입니다.

행복의 목적어는 사람마다 다릅니다. 누구든지 '무엇을 어떻게 해서 어떤 사람이 될 거야'라는 인생의 주어와 목적어는 같지만 능력과 취향에 따라 해야 하는 일은 다르니까요. 행복의 목적어가 되는 '내 것'을 찾아 내 힘으로 알을 깨고 나와야 합니다. 재능과 능력은 못 미치는데 목적어가 너무 높거나 적성에 맞지 않으면 반드시 실패합니다. "꿈을 밀고 가는 힘은 이성이 아니라 희망이고 머리가 아니라 심장이다"고 도스토옙스키는 말했습니다. 내 몸에 맞는 목적어를 찾아 달려가면 못 이룰 것은 없습니다. '나의 것'을 찾아 나를 사랑하고 존경하며 목적어를 하나씩 이뤄가는 것이 '나다운' 삶의 완성입니다. 삶에 있어 천국의 문을 열게 하는 것은 마지막 땀한 방울을 짜는 듯한 치열함과 마지막 한 방울의 진정성이 있는 눈물이니까요.

스스로를 존경하면
다른 사람도 당신을
존경할 것이다.

— 공자

# 결심했으면 당당해지기

시간이 걸려도 자연스럽게 나를 위로하고 힐링하는 것이 좋습니다

살다 보면 거울 속에 비친 내 모습에 한없이 우울해질 때가 있습니다. '왜 이럴까?' '왜 이렇게 살까?' 이런 생각이 들 때에는 온통 세상이 어두워 보입니다. 모든 일이 귀찮아지고 피로감이 압박해 옵니다. 그때가 쉼이 필요한 시기입니다. 잠시 놓아두고 쉬어야 합니다.

사람이 성숙해지는 시기는 기쁘거나 만족할 때가 아니라 의문과 고민으로 지쳐 혼자라는 생각이 들 때입니다. 그때를 지혜롭게 넘기면 나무가 자라듯 마음의 키가 자라 푸른빛의 생각의 잎과 붉은 색깔의 꽃이 핍니다. 행복이라는 열매가 맺히기 시작합니다.

행복도 기다림이 필요합니다. 남이 달린다고 해서 다리가 불편한 사람이 같이 달릴 수는 없습니다. 사람의 몸과 마음은 복잡하고 미

묘합니다. 우울할 때에는 하루에도 수십 번 감정의 롤러코스터를 탑니다. 웃다가, 울다가, 짜증 내다가도 전화 한 통으로 '하하호호' 웃습니다.

지치고 힘들 때는 한 템포 늦추어야 합니다. 느리게 흐르는 자연을 바라보며 천천히 가야 합니다. 서두르지 말아야 합니다. 속도에 신경 쓰지 말아야 합니다. 조금 늦더라도 목표를 정확히 이루는 것이 중요합니다. 나에게 맞는 속도로 정확하게 차근차근 가면 됩니다.

완벽하려고 애쓰지 마세요. 능력만큼만 잘하면 그게 완벽입니다. 분수에 맞게 행동하면 됩니다. 모두에게 무조건 착하게 행동하지 마세요. 내가 지치면 가족이 흔들립니다. 적당함으로 수평을 이루어야 합니다. 기계도 사람도 무리하면 고장 납니다. 몸이 힘들면 마음이 우울해져 불행으로 이끌기 쉽습니다. 그렇다고 해서 몸과 마음을 방치해서도 안 됩니다. 시간이 걸려도 자연스럽게 나를 위로하고 힐링하는 것이 좋습니다.

주변을 살펴보면 특별하게 잘생긴 것도 아닌데 호감을 주거나 멋져 보이는 사람이 있습니다. 흰머리가 많고 성형을 하지 않아도 시선을 모으는 사람이 있습니다. 내적인 아름다움과 겉으로 드러나는 인품이 조화를 이루었기 때문입니다. 다시 말해 자기 관리를 잘해왔기 때문입니다.

자, 그러면 어떻게 살면 행복을 만날까요? 이 질문에 대한 답은 스스로 찾아야 합니다. 다른 사람과 비교할수록 초라해 보이고 자신감이 없어져 일의 의욕도 사라집니다. 지칠 때 나를 힐링하는 것도 나 자신이고 쓰러진 나를 일으켜 세우는 것도 결국 나 자신입니다. 몸이 뚱뚱하면 뚱뚱한 대로 키가 작으면 작은 대로 현실을 받아들이고 현실 안에서 행복해지는 방법을 찾으면 됩니다. 키가 작으면 키높이 신발을 신으면 되고 몸이 뚱뚱하면 다이어트를 시작하면 됩니다. 불가능한 것은 없습니다. 시작하지 않기 때문에 기적이 일어나지 않을 뿐입니다.

영어 속담에 다음과 같은 말이 있습니다.

*Life is a dream for the wise, a game for the fool, a comedy for the rich, a tragedy for the poor.*
인생은 현명한 사람에게는 꿈이고, 어리석은 자에겐 게임이며, 부자에게 코미디이고, 가난한 이에겐 비극이다.

내 행복은 내가 찾아야 합니다. 모든 사람의 행복이 같을 수는 없습니다. 좋아하는 것, 싫어하는 것, 그리고 생각과 목표가 다르기 때문에 행복의 기준은 다릅니다. 중요한 것은 스스로 행복해지는 일을 찾아야 한다는 것입니다.

사람은 일에 몰입하는 모습이 가장 아름답습니다. 즐겁게 일하는 모습은 더욱 멋집니다. 즐거움은 만족이고 만족은 행복을 이끌어 냅니다. 행복할 권리는 모든 사람에게 있습니다. 그러나 행복해질 권리는 스스로 찾아야 합니다. 가족을 위해 맛있는 요리를 하는 것도 행복이고 회사에서 남이 해결하지 못한 어려운 일을 대신 해결해 주는 것도 행복해질 이유가 됩니다.

스스로 찾아 연습하면 됩니다. 그러나 누구에 의해 강요된 행위는 행복하지 않습니다. 어떤 일이든 가슴이 시키는 일이어야 행복합니다. 나를 부정하지 말고 현재의 모습 속에서 좋아지는 법을 찾아야 합니다. 불행을 느끼고 좌절감을 느끼는 것은 나를 부정하기 때문입니다. 어제보다 오늘 더 노력하면 가치 있는 날은 반드시 옵니다. 내 생각, 내 행동에 따라 내일이 기다려질 수도 두려워질 수도 있습니다.


삶의 결정권은 나에게 있습니다. 자신감을 가지고 당당하게 도전하세요. 첫 생각, 첫 마음, 첫 행동으로 돌아가면 못 이룰 것도 없습니다. 내일 행복해질 조건은 오늘에 충실하고 삶의 이유를 '나'에게 두는 것입니다. 적어도 삶의 마침표를 찍을 무렵 '그 사람을 만났더라면…' '그 직장에 들어갔더라면…' '그곳에 가지 않았더라면'이라고 후회는 하지 말아야 합니다. 그러니까 욕심 부리지 말고 고통스러운 기억을 불러일으키는 대상이 있다면 결별하세요.

아름다우면서도 동시에 편안하게 만드는 기억을 되새기세요. 나를 돌보는 데 더 많은 시간을 투자하세요. 가고 싶은 곳, 읽고 싶은 책, 하고 싶은 일을 할 시간을 만드세요. 먹고 입고 자는 것에 욕심을 버리고 가난해지세요. 어차피 죽을 때는 처음으로 돌아갑니다. 가장 가난하고 가장 낮은 곳으로 돌아갑니다.

단순해지세요. 고마운 것에는 '고맙다'고 직접 말로 하고 미안할 때에는 미안하다고 말하세요. 나이에 상관없이 솔직하게 표현하세요. 그래야 걱정도 줄고 후회도 적습니다. 가능하다면 많이 웃으며 주변 사람들에게 '미안해'라는 말보다 '고마워'란 말을 많이 하는 시간을 가지세요.

내 앞에 멈춘 것들을 '나중으로' 미루지 말고 당장 실천하세요. 그것이 즐겁게 사는 방법입니다.


나를 행복하게 해주는 것은 가까이에 있는 사소한 것들입니다. 가까이서 찾으세요. 옆에 앞에 뒤에 있습니다. 욕심을 줄이세요. 그냥 '나답게' 당당히 살면 행복합니다. 보통의 행복은 대단하지 않아요.

# 서른, 홀로 건너야 할 강

서른의 성장통을 거쳐야 어른이 됩니다

부모의 배경에서 살아온 이십 대를 지나 삼십 대는 본격적인 나를 위한 인생 2막의 시작입니다. 가만히 앉아 있어도 남들보다 뒤처져 있는 본인의 모습에 몸부림치며 괜한 자격지심에 휩싸입니다.

"벌써 서른이야?" 나이에 놀라며 이룬 것 없어 버거워하는 동안에도 시간은 쉬지 않고 흐릅니다. 물음표와 느낌표가 가득한 삼십 대, '이대로 살아도 괜찮은 걸까?' 삼십 대를 살고 있는 그대라면 누구나 한번쯤 고민하고 있습니다.

이십 대를 '나는 누구이고 싶다'를 찾아 존재감을 만들어가는 시기라고 한다면 삼십 대는 '나는 누구이다'를 증명해야 하는 시기입니다. 때문에 삼십 대는 건너지 않아도 되는 강이 아니라 반드시 건너야 하는 강입니다. 실패하더라도 남 탓 하기 전에 실패한 이유를 찾아내야 합니다.

패배자는 실패한 원인을 남 탓으로 돌리고 승리한 자는 실패한 이유를 내 탓으로 생각합니다. 서른, 그리고 삼십 대인 그대, 남들보다 더 나은 삶을 살고 싶다면 긍정적으로 생각해야 합니다. 서른의 성장통을 겪는 이들은 적당히 흔들리고 방황합니다. 이십 대의 나는 존재감을 찾아 도전했다면 삼십 대의 나는 증명해 보여야 합니다. 애쓰는 과정 자체가 성장하는 것입니다. 뭔가를 이루어야 마흔이 편해집니다. 내가 직장인인지, 자영업자인지, 공무원인지, 예술가인지를 증명해야 하기 때문에 가장 버거울 수밖에 없습니다. 그래서 어느 시인은 '설운 서른'이라 했습니다.

안정된 일을 가져야 하는가의 고민, 결혼에 대한 고민, 그리고 육아, 인간관계 등 어쩌면 엉켜 있는 실타래를 스스로 풀어나가야 합니다. 얽혀 있는 가족 관계, 출산, 육아 문제, 대인 관계, 언제 찾아올지 모르는 질병 등 한순간도 고민에서 자유로울 수 없습니다. 서른의 성장통을 거쳐야 어른이 됩니다.

삼십 대가 명심해야 할 것이 있습니다.

첫째, 나의 일을 남에게 뺏기지 말아야 합니다. 내가 하는 일을 남에게 뺏긴다는 것은 나의 무능함을 드러내는 겁니다. 일은 능력도 중요하지만 끈기도 필요합니다. 자신감을 갖고 성실하게 차분히 해결하고, 모르면 선배한테 도움을 청해야 합니다.

둘째, 끊임없이 공부하며 움직여야 합니다. 책을 가까이하고 꾸준히 자기 계발에 힘써야 합니다. 끊임없이 공부하는 사람은 늙어가는 것이 아니라 성장하는 것입니다. 배움은 힐링의 시간이 되고 또 하나의 도전이 됩니다. 거창한 목표보다는 하고 싶은 분야를 선택하는 것이 좋습니다. 배움의 시간은 즐거워야 하니까요.

셋째, 결혼은 쉽게 함부로 결정하지 마세요. 결혼은 모든 것을 공유하는 나의 반쪽을 찾는 일입니다. 수저도 침대도 심지어 변기도 공유해야 합니다. 나에게 맞는 사람을 만날 때까지 미리 준비해야 합니다. 결혼에 대한 확신이 없으면 누구의 압력에도 서둘러 결혼하지 마세요. 서른이 넘으면 좋은 인연을 만나지 못한다는 생각을 버리세요. 서른이 결혼의 마지노선은 아니니까요. 결혼 적령기는 결혼하고 싶은 상대가 나타났을 때입니다. 결혼도 준비 기간이 필요합니다. 적극적으로 찾아 나서야 합니다. 나와 어울리는 상대가 나타났다면 후회 없이 사랑하세요. 사랑하는 것은 삶의 축복이고 권리이며 신이 내린 최고의 선물입니다. 그러나 내가 이룬 것을 버릴 만큼은 사랑하지 마세요. 사랑은 맹목적이지만 삶은 현실이니까요. 그 어떤 사랑을 하더라도 사랑한다는 이유로 자신을 버리지는 마세요. 결혼을 했든 하지 않았든 경제적으로 정신적으로 독립하세요. 아무리 부모 잘 만나 물려받은 재산이 많다 하더라도 돈을 벌어보아야 돈에 대한 개념이 생기고 쓰는 방법도 압니다.

이십 대까지의 삶은 태어난 배경이나 환경에 의해 만들어집니다. 그러나 서른 이후는 진정한 어른으로 태어나야 합니다. 정신적으로 경제적으로 독립할 수 있도록 경쟁력을 키우세요. 당당히 경쟁하세요. 경쟁력이 있는 일을 찾아 나에게 맞는 일인지 내가 오래도록 잘 할 수 있는 일인지 그래서 평생 해도 후회하지 않을지를 따져보세요. 열심히 하면 승진과 함께 사회적 위치도 갖게 될 테니까요. 그러면서 인맥도 넓혀가는 겁니다. 그리고 내 맘을 진심으로 알아주는 친구도 사귑니다. 일에 지쳐 힘들 때 내 편이 되어 위로해줄 수 있는 든든한 친구는 반드시 필요하니까요.

넷째, 서른에는 버킷리스트를 만들어야 합니다. 정체성을 찾는 것이 무엇보다 중요합니다. 언젠가는 홀로 서기를 해야 할 상황도 생기니까요. 그때를 대비하여 버킷리스트를 만들어야 합니다. 5년 주기든, 10년 주기든 하고 싶고, 하지 않아 후회할 그런 목록을 만드세요. 나를 즐겁게 해주는 것들, 의미 있고 가치 있는 것들을 선택하면 됩니다.


숲은 하나하나의 나무가 모여 이뤄내는 군락입니다. 하나하나의 나무가 죽지 않고 살아갈 때 숲은 유지됩니다. 숲의 가치는 나무 한 그루의 가치에 있습니다. 마찬가지로 삼십 대의 시간 조각을 후회 없이 쌓아야 아름다운 성이 세워집니다. 삼십 대를 지혜롭게 보내야 마흔, 쉰이 되어도 두렵지 않습니다. 정신적으로 육체적으로 경제적으로 사회적으로 당당히 홀로 서야 안정된 노후를 만나게 됩니다.

# 사연 없는 사람 없고 상처 없는 사람 없다

살다 보면 힘든 과정은 여러 번 찾아옵니다

직장인은 열심히 일을 할 때, 아가는 엄마의 젖을 열심히 먹고 있을 때, 주부는 가족을 생각하며 요리를 하고 있을 때, 학생은 공부에 열중할 때 가장 빛이 납니다. 자신이 하는 일에 몰입하는 사람에게선 좋은 향기가 납니다. 그럼에도 살다 보면 주변 사람들과 상처를 주고받습니다. 쓰러지기도 하고 휘청거리기도 합니다.

위기와 기회를 만나는 시기는 살면서 가장 힘든 때입니다. 그곳에서 어떤 생각을 하고 어떤 선택을 하느냐에 따라 운명이 바뀝니다. 살다 보면 위험과 고통을 견디기 힘들어 죽고 싶을 때가 있습니다. 그때가 또 터닝포인트가 됩니다. 좋다고 느껴지는 것들은 쉽게 얻을 수가 없습니다. 한 번에 이루어지는 것은 없습니다. 쉽게 얻은 것은 또 쉽게 떠나가게 됩니다. 성공의 바탕은 경험입니다.

이 세상에 필요 없는 경험은 없습니다. 나쁜 경험이든 좋은 경험이든 삶의 과정이고 성공으로 가는 간이역일 뿐입니다. 아픔을 겪어야 진정으로 남을 이해하고 위로해 줄 수 있습니다. 누군가를 위로한다는 것은 자신의 아픔을 다시 꺼내는 일입니다.

한평생을 살면서 사연 없는 사람 없고 상처 없는 사람 없습니다. 다만 말을 하지 않을 뿐입니다. 생각해 보면 위로받는 사람이나 위로하는 사람이나 모두 고통스럽습니다. 같은 사건을 겪은 사람들끼리 서로의 경험을 나누면, 다른 사람의 마음도 나와 다르지 않다는 것을 알게 됩니다. 동질감을 느낍니다. 그러니까 서로를 이해하고 지지하면서 치유와 회복을 경험합니다. 어려움을 겪어본 자만이 어려움을 이겨낼 능력이 있고 아파본 자만이 아픔을 이해하고 감싸줄 줄 압니다. 아픔과 고통을 견뎌내야 몸에 좋은 묘약이 되고 견뎌내지 못하면 나를 죽게 만드는 독약이 됩니다.


소중한 것은 늘 평범한 일상 가운데에 있습니다. 맑은 날 햇볕을 쬐고 가까운 공원을 산책하는 것이 진정한 만족입니다. 신은 인간의 교만함을 꺾기 위해 수시로 고통을 안겨주며 눈물을 흘리게 하는지도 모르겠습니다. 아프면 스스로를 돌아보게 됩니다. 내가 무엇을 잘못했는지 반성하게 됩니다.

'여자는 아프면 앨범을 보고, 남자는 아프면 자식의 얼굴을 한 번 더 들여다본다'는 말이 있습니다. 앨범이 과거에 대한 추억과 회상의 의미라면 자식의 얼굴은 미래에 대한 불안함입니다. 과거에 대한 회한과 반성 그리고 미래에 대한 혹시나 하는 불안함, 그러한 감정이 아픔을 통해 내면을 성숙시킵니다. 시한부 인생을 선고받은 사람은 1분 1초도 헛되이 보내지 않듯 내가 정확히 언제 죽을 것인지를 안다면 남은 시간을 따져보며 단 한 시간도 헛되이 보내지 않을 겁니다. 아픔은 누구에게나 찾아옵니다. 다만 순서가 다를 뿐입니다. 어떤 아픔이 찾아오더라도 절망에 빠지거나 자책하지 말고 일상을 꼼꼼히 살펴보며, 아프지 않았던 날의 교만과 소홀함을 되새기면 됩니다.

버락 오바마와 고(故) 스티브 잡스는 미국 대통령으로, 혁신적 기업가로 전 세계에 이미 잘 알려진 인물이지만 이들이 사람들의 마음속에 깊이 각인된 이유는 그들의 훌륭한 연설 때문입니다. 대중에게 어필하는 연설의 비결은 아마도 그들이 이겨낸 삶의 고통과 시련 때문이 아닐까요? 시련을 이겨낸 성숙한 경험이 남이 흉내 낼 수 없는 진정성으로 전해져 듣는 사람에게 감동을 주니까요.

오바마 대통령은 한 토크쇼에서 유년기와 청년기를 통해 겪었던 아픔의 시간들이 이해와 공감의 폭을 넓힐 수 있는 경험이 되었다고 말했고, 잡스는 생전의 투병 생활을 통해 주어진 하루의 소중함을 알게 되면서 누구보다 열정적으로 살았던 인물입니다.

나에게도 서른 중반에 견딜 수 없는 고통의 시간들이 삶 전체를 흔들어 놓았습니다. 나의 정체성을 찾기 위해 10년을 방황했습니다. 벼랑 끝에 다다른 순간을 맞으면서도 삶의 끈을 놓지 않았습니다. 대단하지 않지만 이렇게 작가로 살고 있습니다. 벼랑 끝에 이르면 살아야겠다는 절박함과 용기가 생깁니다. 시련은 겸손을 가르치고 감사할 줄 아는 마음을 선물합니다.

살다 보면 힘든 과정은 여러 번 찾아옵니다. 아무리 힘들더라도 긍정적인 생각과 확신을 가지고 헤쳐나간다면 시련은 극복할 수 있습니다. 신은 견딜 만큼의 시련만 안겨주니까요. 실패는 겸손을 안겨주고 경험은 어제와 다른 모습의 나로 태어나게 합니다. 독일의 종교 개혁자 마르틴 루터는 "기도와 묵상과 시련이 위대한 하나님의 사람을 만든다"고 했습니다. 시련의 과정은 힘겹지만 필연의 과정이며 이런 과정을 통해서 얻어진 기쁨이 진정한 기쁨입니다.

상처 있는 사과가 맛이 있듯이 시련도 견뎌내야 사람 냄새가 납니다. 살아보면 깨닫습니다. 욕심을 내려놓으면 마음이 편안해집니다. 시기심이 없으니 다투지 않게 됩니다. 불쌍하게 여기니 배려하게 됩니다. 자비로운 마음이 보살 같으니 건강해집니다. 이 모두 마음먹기에 따라 달라집니다. 경험이 낳은 지혜입니다.

세상의 모든 사람에게는 각자의 역할이 있습니다. 그 역할을 제대로 못할 때 자신은 물론 주변 사람까지 힘들어집니다. 자신의 욕망과 능력 사이의 간극이 클 때 멘털 붕괴를 느낍니다. 최선을 다하지 않고 오로지 성공에만 집착하면 간극만 커집니다. 나의 능력에 맞는 성공을 바란다면 그것에 맞춰 프로그램을 짜서 실천하세요. 그래야 나를 아프게 하는 일이 많이 생기지 않습니다. 나의 욕망과 능력 사이의 간극에 대해 정확히 알고 도전할 때 시련도 기쁨으로 맞을 수 있고 성공으로 가는 역도 쉽게 찾아갑니다. 노력해서 과정이 행복했으면 절반은 성공한 겁니다. 삶의 가치는 행복입니다. 이 순간을 즐겁게 사세요. 내가 행복해지면 주변이 행복합니다.

◆　◆　◆

*If you born poor, it's not your mistake.*
*But if you die poor, it's your mistake.*

가난하게 태어난 것은 당신 잘못이 아니지만

가난하게 죽는 것은 당신 책임이다.

– 빌 게이츠

생각에 조심하십시오.
생각이 말이 되기 때문입니다.
말에 조심하십시오.
말이 행동이 되기 때문입니다.
행동에 조심하십시오.
행동이 습관이 되기 때문입니다.
습관에 조심하십시오.
습관이 성격이 되기 때문입니다.
성격에 조심하십시오.
성격이 운명이 되기 때문입니다.

– 프랭크 잭슨

**걱정이 많은 그대에게**

초판 1쇄 인쇄 2024년 4월 15일
초판 1쇄 발행 2024년 4월 25일

지은이 | 김정한
펴낸이 | 김의수
펴낸곳 | 레몬북스(제396-2011-000158호)
주    소 | 경기도 고양시 덕양구 삼원로73 한일윈스타 1406호
전    화 | 070-8886-8767
팩    스 | (031) 990-6890
이메일 | kus7777@hanmail.net

ISBN  979-11-91107-49-4 (03320)